诗画杭州

浙水遗韵

浙水遗韵

《浙水遗韵》编委会 编

杭州出版社

图书在版编目（CIP）数据

诗画杭州 / 《浙水遗韵》编委会编. -- 杭州 : 杭州出版社, 2022.12（2023.6 重印）
（浙水遗韵）
ISBN 978-7-5565-1945-3

Ⅰ. ①诗… Ⅱ. ①浙… Ⅲ. ①水－文化遗产－研究－杭州 Ⅳ. ① K928.4

中国版本图书馆 CIP 数据核字（2022）第 229136 号

诗画杭州

Shihua Hangzhou

《浙水遗韵》编委会 编

责任编辑 俞倩楠
装帧设计 王立超 魏君妮
美术编辑 屈 皓 王立超 卢晓明
责任校对 陈铭杰
责任印务 王立超
出版发行 杭州出版社（杭州市西湖文化广场 32 号 6 楼）
电话：0571-87997719 邮政编码：310014
网址：www.hzcbs.com
排 版 杭州立飞图文制作有限公司
印 刷 浙江国广彩印有限公司
经 销 新华书店
开 本 710mm×1000mm 1/16
印 张 19.25
字 数 303 千字
版 印 次 2022 年 12 月第 1 版 2023 年 6 月第 2 次印刷
书 号 ISBN 978-7-5565-1945-3
定 价 98.00 元

《浙水遗韵》编纂委员会

《浙水遗韵》编纂委员会办公室

《浙水遗韵·诗画杭州》编纂委员会

总序

一

鸿蒙上古，洪水肆虐；海晏河清，安澜浙江。

穿越时空，谁能证明那些被折叠在山水尘土中的沧海桑田？穿透岁月，谁能唤醒那些活跃在绚烂长河中的生命伸张？带着问题，一场特别的文化巡礼拉开帷幕。当时的一座坝，现在的一个谜，一些润物耕心的洗练，一切高岸深谷的变迁，都成了这场水文化之旅中的奇妙体验。

浙水文化起源自先民对水的最早认识和适应，嬗变在碰撞中发生，也在融合中沉淀。上山遗址出土的炭化稻米遗存，照射出一万年前水与稻作农业的交融。跨湖桥遗址保存的独木舟，荡起了八千年前向水而生的文明涟漪。河姆渡遗址的水井和干栏式建筑遗迹，见证了早期聚落取水、避水的杰出创造。良渚古城遗址的外围水利系统，奠定了五千年前良渚文明的兴起。

如果说浙江早期文明是点点繁星，那么由于水的涵养滋润，繁星最终汇成了壮丽天河。在这些星辰浩渺的水文化碎片中，我们见到了一个又一个历史的细节，看到了我们祖先逐渐铿锵的文明步伐。

人称东南形胜的浙江，并非自古繁华，今日之繁荣很大一部分得益于水利建设的发展与完善。在历代的治水实践中，人们抵御洪潮侵袭，大兴蓄灌引排之利，变斥卤不毛之地为桑田粮仓，不断捍卫生存家园、拓展发展空间，使浙江逐步成为宜产、宜业、宜居、宜游、宜学的民丰物阜之地、山川秀丽之境、文明礼仪之乡。

二

孜孜不倦，久盛长兴。如今，浙水遗韵，绵延于山海之间，回荡在浙江大地之上。

西湖的疏浚，不仅保留了淡妆浓抹总相宜的湖光山色，更可灌溉周边千亩良田，哺育出钱塘繁华，“参差十万人家”。鉴湖的开浚，一度使山会平原“无荒废之田，无水旱之岁”。溇港体系的建成，使太湖南沿沼泽上松软的涂泥成为适宜耕种的沃土，从此“山从天目成群出，水傍太湖分港流”，桑基鱼塘、丝绸之府、鱼米之乡成为湖州名片。白沙溪三十六堰、姜席堰的修筑，使得金衢盆地“每岁禾田无旱日，此乡农事有余秋”，成为浙中粮仓。通济堰、松阴溪古堰群的兴建，成就了碧湖平原和松古平原的殷实富饶。它山堰的兴建，灌田数千顷，使鄞西平原成为浙东重要产粮区，“一朝堰此水，千载粒吾民”。

始建于东汉的东苕溪西险大塘，经历代增筑，昂然屹立一千八百余年，是杭州城和杭嘉湖平原的重要防洪屏障。古处州、严州、衢州、临海、兰溪等地的防洪城墙，守护着临河古城的市井繁华。钱塘江海塘的兴修，使两岸杭嘉湖平原和萧绍平原免于咸潮侵害，成就了“苏湖熟，天下足”的经济格局。唐时“当今赋出天下，而江南居十九”，明代“浙东西又居江南十九”。清代乾隆帝六次南巡，四次亲巡海塘一线，足见海塘所系已不只是浙江，更是牵动整个国家的经济命脉。

慈溪、余姚等地历史上不断向外拓展的一道道海堤，将荒滩盐场变为农田桑麻之地，使得“从兹疆场水奠安，黍稷桑麻应郁然”。三江闸的兴建，集挡潮、蓄淡、排涝诸功能于一身，重整了河口灌排水系，使鉴湖湮废后的萧绍平原得以复兴。椒江河口右岸在千百年里以层层外推的十多条海塘，演绎着向海而生的勇毅。金清闸、新金清闸、金清新闸的迭代演进，八百年间蓄淡、御咸、排涝，成就了温黄平原的繁盛。

京杭运河和浙东运河的凿通，为商贾繁盛提供了舟楫之便，促成了杭州区域中心城市的崛起。温瑞塘河打通了东瓯动脉，促进内外物资、文化的交流，成就了温州山水人文城市的佳话。沿衢江、新安江、瓯江、甬江等水系及各支流星罗棋布的古埠渡口和码头，转运着人员物产，激荡着时代风云，思想、风气往往得天下之先，浙江商帮由此走向全国，走出海外。

遍布于浙江山区、平原、海岛的近六千处古井，解决了人们日常饮食起居的水源供应。看似原始简单的水井，有效地支撑了人们向艰苦环境的拓殖，支撑起各地乡村、城市的发展与繁华。

三

跃动于灵感之上，传承着古人治水的智慧与思想。它山堰、通济堰等巧妙的堰底倾角与拱形设计，龙游“南堰北塘”的格局体系，得益于治水技艺的传承与创新，古老的工程历经沧桑仍发挥效用。龙现梯田十三闸分流引水，蜀墅塘的三枧九圳分水体系，科学合理的水事制度，有力保证了农业生产，也维护了社会稳定。这些智慧的灵光记载于卷帙浩繁的水利文献典籍、丰富广布的石刻碑记之上，启迪着后人。

洋溢于点滴之中，塑造着浙江的气质禀赋和精神风貌。由水衍生出的民俗仪式和神话传说，寄托了人们对生活的美好向往：分布广泛的“大禹庙”，表达了人们对治水英雄的纪念；踏塘、祭潮的民间仪式，象征着人们对风调雨顺、河清海晏的珍视；流传广泛的防风治水、钱王射潮传说，反映了艰苦卓绝的治水历程，颂扬了不屈不挠的奋斗精神。正是有了山清水秀、江河安澜，才有了生活的诗意，有了乐山乐水的闲暇与浪漫。

从水利工程到技术制度、从民俗仪式到神话传说，从物质到精神的一切，携带着历史的、科学的、艺术的、文化的基因，成就了璀璨夺目的浙江水文化宝库。浙江省水利厅于2021年组织开展了全省重要水文化遗产调查。历时两年，各县（区、市）调查团队遍检群籍、查阅史料，翻山涉河、深入现场，不辞辛苦整编成果，筛选出全省水文化遗产10000余项，其中5200余项纳入“浙江水文化”数字平台。我们从中精心选录800余项按11个地市编纂成书，以飨读者。有诗画杭州、清丽湖州、水印嘉兴交织出的如画诗境，有源起衢州、水墨金华、山川丽水描绘出的绝代风华，有理水绍兴、安澜宁波、水定舟山传颂着趋利避害的治理传奇，有潮起台州、平水温州咏唱着催人奋进的山海长歌。

这些水文化遗产带着特定环境与时代的烙印，是跨越了时间的宝贵财富。当水流翻过古老的堰坝，当江潮拍打鱼鳞石塘，当余晖映红运河水道，当大禹祭典的钟鼓震颤长空，我们仍能感到迎面拂来的那阵暖风，吹来的是未泯的典范和当下的星空，还有无数个我们未完待续的如水诗篇。

目录

水韵遗珠

水脉记忆

望海潮

〔宋〕柳 永

东南形胜，三吴都会，钱塘自古繁华。
烟柳画桥，风帘翠幕，参差十万人家。
云树绕堤沙，怒涛卷霜雪，天堑无涯。
市列珠玑，户盈罗绮，竞豪奢。

重湖叠巘清嘉，有三秋桂子，十里荷花。
羌管弄晴，菱歌泛夜，嬉嬉钓叟莲娃。
千骑拥高牙，乘醉听箫鼓，吟赏烟霞。
异日图将好景，归去凤池夸。

水润杭城 诗画江南

“江南忆，最忆是杭州。”

杭州，古称钱唐、临安，地处长江三角洲南翼、杭州湾西端、钱塘江下游、京杭大运河南端，依山傍水，襟江带湖，是历代文人墨客的眷恋地，是富春山居的实景图，素有“人间天堂”之美誉，被13世纪意大利著名

钱江新城　孙明闽摄

旅行家马可·波罗赞叹为“世界上最美丽华贵之天城”。杭州是华夏文明的发祥地之一，良渚文化实证了中华5000年文明史；杭州是中国七大古都之一，白居易、苏东坡等历代名人的治水功绩见证了城市的繁华与更替；杭州也是首批国家历史文化名城，西湖、西溪、千岛湖、大运河等都蕴含着灿烂的水文化。

一

这是一座名副其实的秀丽山水名城。杭州与水的缘分，与生俱来。江河湖海溪，五水共存，各领风骚；库塘泉井瀑，样样皆有，各具特色。她面海而栖、濒江而建、傍溪而聚、因河而兴、由湖而名。新安江、

西湖清趣图（局部）

富春江、钱塘江，三江合一，一脉东流，从秀水险滩，到一川如画，再到浪潮澎湃，贯穿杭州全境，奔向东海，与钱塘江南源一起成为浙江人民的母亲河；古老的运河一路北上，成为贯穿南北的大动脉；水光潋滟的西湖与烟波浩渺的千岛湖，仿佛是两颗熠熠生辉的明珠；西溪湿地的曲径通幽，又让杭州多了一份水的深邃。杭州的水是多姿多彩的画卷，无数文人墨客为之魂牵梦绕。郡亭枕上看潮头，排山倒海的钱江潮，引得唐代诗人白居易发出了“最忆是杭州”的感慨。三面云山一面城，水光潋滟晴方好，大文豪苏轼在“欲把西湖比西子，淡妆浓抹总相宜”的惊艳中称赞西湖的精致典雅。

清初京杭道里图（局部）　浙江省博物馆提供

这是一座人文荟萃的历史文化名城。山水城市独特的自然禀赋和资源优势，更具江河湖海溪各种形态的水，塑造了杭州绝美的城市脉络和人文底蕴。杭州城市发展的历史，是一部与水共生、与水和谐、与水共兴的水文化发展史。杭州引以为豪的三大世界文化遗产——西湖、大运河、良渚古城遗址，都与这座城市的先人兴水利、除水害的历史遗存密切相关。8000年前，跨湖桥人划一叶小木舟，在钱塘江畔、湘湖边捕鱼狩猎、种养采集，创造了辉煌的“跨湖桥文化”，实证杭州拥有 8000 年文化史。5000 年前，良渚人在美丽洲繁衍生息、耕耘劳作，留下的良渚古城遗址，已具最早城市的雏形，被誉为“中华第一城”。良渚古城遗址不仅实证了杭州 5000 年建城史，更实证了中华 5000 年的文明史。

自古以来，杭州人民“择水而栖，依水而生”，山水杭州的城市格局让杭州先人深刻领悟治水的重要性。一代又一代杭州人民和杭州的官员，谱写了一曲曲水利事业的壮歌。从白居易筑白堤、苏轼筑苏堤到杨孟瑛疏浚西湖，从战天斗地的萧山围垦到砸锅卖铁修筑钱塘江海塘，从肩挑背扛建设新安江水库到三年打造新南堡……杭州人民以钢铁精神架起了血肉之躯，在利用河流、改造河流，与大自然作斗争的宏伟经历中传承了浙江治水精神，形成了“弄潮儿精神”“围垦精神”“南堡精神”等伟大精神，筑起了浙江人强大的精神谱系。纵观杭州几千年悠久灿烂的文明史，可以说是一部除水害、兴水利的治水史，一部促进经济转型升级的发展史，更是一部民族性格、城市精神的锻造史。

二

大自然的厚爱，赋予了杭州丰富多彩的水资源和水形态，像杭州这样的城市，在世界上是不多的。水是杭州最显著的特色和最具独特性的资源。而历代有识之士的善举和智慧，又给杭州留下了丰厚的水文化遗产，一座座饱含时代特色的水利工程，是屹立在杭州治水史上的丰碑，不仅记载了江河湖泊的沧桑变化，也留下了先人的治水智慧和经验。从上古时期夏禹的“疏堵并用，因势利导”，到唐代杭州刺史李泌“引湖水入城，为六井以利民”、白居易的“堤防如法，蓄泄及时”，再到北宋范仲淹在杭州沿江治水中的“修围、浚河、置闸，三者如鼎足，缺一不可”等科学治水理念，成功保障了特定时期杭州的发展，对现代治水理念产生了重要影响。

包含着这些治水智慧和经验的杭州悠久治水历史，在卷帙浩繁的古代治水文献中一一呈现。如南宋顾冲的《湘湖均水利约束记》，元代任仁发《浙西水利议答录》，明代姚文灏《浙西水利书》、田汝成《西湖游览志》、俞思冲《西湖志类钞》，清代王凤生《浙西水利备考》、毛奇龄《湘湖水利志》等，以及历代府志、县志中丰富的水利内容，记录了杭州先民治理江河湖泊的成就，是古代杭州治水智慧的结晶。尤其是海塘文献，清代方观承《两浙海塘通志》、翟均廉《海塘录》、琅玕《海塘新志》、杨鑅《海塘揽要》、钱文瀚《捍海塘志》、乌尔恭额《续海塘新志》、杨昌濬等《海塘新案》等专题志书，是研究古海塘的珍贵史料，为杭州人文历史增添了浓墨重彩的精彩篇章。

脍炙人口的水文学艺术作品是杭州水文化遗产的一大亮点。孔子云“智者乐水”。杭州水流动、活跃、汹涌、澎湃的特质与文学艺术家的精神世界有着天然的契合。纵观杭州的文学史，从魏晋南北朝山水诗，到唐诗、宋词、元曲以及明清小说，从五四运动时期的新文化到新中国成立后的文学作品，都离不开对杭州山水的描写，水成为永恒的经典。众多以杭州山水为创作背景的山水画作、文学作品、民俗传说，都是以水为题的一个社会乃至一个时代的缩影，并在时代发展中不断赋予水文化新的内涵。

千百年来，勤劳勇敢的杭州人民在共同生产生活中，

富春山居图（局部）（〔元〕黄公望绘）

创造并传承了丰富多彩的非物质文化遗产。蹚过岁月的流水，富春江渔歌、西兴祝福、钱江观潮、楼塔细十番、河上龙灯胜会、五常龙舟胜会等水乡非遗精彩纷呈，蕴藏着杭州人对生存的理解、对生活的向往和对未来的追求。这是中华优秀传统文化的重要组成部分，是中华文明绵延传承的生动见证。这一系列的水文化遗产无论是物质形态还是精神形态的存在，无论是数量还是质量，都在浙江乃至全国的水利史上，留下了浓墨重彩的一笔，是不可多得的文化宝藏和精神财富。

三

文化，是一个城市的灵魂，是城市凝聚力和创造力的重要源泉，也是衡量城市文明和人民生活质量的显著标志。在当前推进构建“山水相融、湖城合璧、拥江枕河、人水相亲、生态宜居”的幸福杭州的时代背景下，传承与发展杭州水文化，是摆在我们面前的重大课题，将助力丰富杭州“拥江发展”的文化内涵，促进文化繁

月夜看潮图（〔宋〕李嵩绘）

荣，增强城市软实力，推动浙江文化高地、文明高地建设。其实，中华人民共和国成立后，特别是改革开放以来，杭州水文化，一直在传承中发展，在发展中创新。杭州立足自身山水城市特色，努力做好“五水共导”这篇大文章。一是做好“江”的文章，推进沿江发展、跨江发展、拥江发展；二是做好“河”的文章，实施运河综合保护与开发，实现大运河申遗目标；三是做好“湖”的文章，在西湖申遗成功的基础上，不断提升城市品位；四是做好“海”的文章，融合长三角一体化、环杭州湾经济带发展，依托海洋优势实现工业兴市；五是做好“溪”的文章，充分发挥西溪湿地城市之肾的作用，建设绿色生态湿地城市。

杭州建设以西湖文化为中心，良渚文化、跨湖桥文化为两翼，钱塘江和大运河为轴线，内生外拓的“大西湖”文化，彰显空间格局。实施西湖、运河、西溪综合保护工程，开展水源保护、截污纳管、河道清淤、引配水和生态修复等工程，努力营造“流畅、水清、岸绿、景美、宜居、繁荣”的亲水型城市。以“运河申遗”为契机，构建杭州运河文化彰显体系，形成“文脉相承、生态共生、生活便利”的和谐网络。以吴越文化为底本，建设以新安江、富春江、千岛湖为主框架的“两江一湖”黄金旅游线，以高质量发展、共同富裕的高品质生活为标志，再塑新时代“富春山居图”，辐射西部山区，展现人与自然和谐共生之美，描绘一幅山水人文画、都市田园卷、创新活力图、幸福宜居景。

这一系列有效举措，体现了水文化理念的整体观。江、河、湖、海、溪共同治城的方略，使杭州山更秀，水更清，城市更和谐。这是杭州在城市发展建设实践中探索出的一条新的治理之道。杭州相继荣获国际花园城市、联合国人居环境奖、国家园林城市、国家环保模范城市、中华环境奖等荣誉称号，初步实现建民生水利、促生态文明、享品质之城的良性互动。

四

随着物质文化生活水平的不断提高，人们对水工程、水环境、水文化的要求也不断提高。水利建设在满足除害兴利基本需求的同时，更加重视其文化功能。

近年来，浙江省政府发布《浙江省诗路文化带发展规划》，提出着力打造浙东唐诗之路、大运河诗路、钱塘江诗路和瓯江山水诗路“四条诗路”文化带，杭州是浙东唐诗之路、钱塘江诗路和大运河诗路的交汇地。2019年出台的《杭州市拥江发展行动规划》，提出注重在文化

西湖全景　孙小明摄

引领中彰显城市魅力，打造富有韵味的公共景观带和特色彰显的魅力文化带。杭州要做活水文章，精心呵护水生态，弘扬传承水文化，更好彰显江南水乡、人间天堂的独特韵味，高水平打造美丽中国杭州样本。这些对杭州市水利建设、水文化建设提出更高要求。

2020 年，杭州市在省水利厅的统一领导下，开展了前所未有的水文化遗产大调查，共调查出水文化遗产 874 项，其中水利工程遗产 457 项，相关物质文化遗产 214 项，非物质文化遗产 203 项。这些弥足珍贵的水文化遗产，凝聚着先辈的智慧，是杭州发展的印记，见证着杭州和水的往事，承载着“水城”的记忆，是自然与历史留给杭州的城市名片。它串起杭州的文化，串起杭

州人的生活，更串起了浙江精神的传承。本书撷取其中极具代表性的水文化遗产，从中华优秀传统文化中挖掘水的哲学、水的精神，以飨读者。

“日出江花红胜火，春来江水绿如蓝。能不忆江南？”文化如水，润物无声。杭州作为江南烟云氤氲、绿波荡漾中的璀璨明珠，在古韵流芳中散发着独特的韵味，在文脉传承中绽放着别样的精彩，在时代发展中迸发着无穷的活力。我们相信，杭州水文化一定能在党的二十大精神的指引下，朝着高水平推进文化强省建设、打造新时代文化高地目标，继往开来，再创辉煌！

水映古都

忆江南

〔唐〕白居易

江南忆，最忆是杭州。

山寺月中寻桂子，郡亭枕上看潮头。

何日更重游！

西湖

中国唯一的湖泊类世界文化遗产

水光潋滟晴方好，山色空蒙雨亦奇。
欲把西湖比西子，淡妆浓抹总相宜。

〔宋〕苏　轼

西湖　谢根能摄

雷峰夕照　谢根能摄

西湖位于杭州中心城区西面，它以秀丽的湖光山色、悠久的历史文化以及丰富的文化史迹闻名世界，是中国传统山水美学的典范，是对“天人合一”理想境界的最佳阐释。

远古时代，西湖经历了从浅海湾演变为潟湖，进而成为淡水湖的漫长过程。汉代，西湖因其水源主要出自武林山（时为三面群山的统称）而称武林水；又有钱水、钱湖、明圣湖等名；唐代称钱塘湖，又名上湖，因隋唐时湖在杭州城西，故别称西湖；南宋时期，位于都城杭州的西湖呈现出一派繁盛景象；明清时期，西湖多有整治；中华人民共和国成立后，西湖经历了三次大规模的疏浚。

今天的西湖“三面云山一面城”，南北长约 3.2 千米，东西宽约 2.8 千米，湖岸周长约 15 千米，湖面面积 6.39 平方千米。湖中被孤山、白堤、苏堤、杨公堤分隔为外湖、里湖、西里湖、岳湖、小南湖及湖西等水面，小瀛洲、湖心亭、阮公墩三个小岛立于湖心。

西湖之美在生态。西湖连接京杭大运河和钱塘江。在西湖东北的圣塘闸处，开凿于元代末年的古新河作为西湖的泄水河流，另一端连接着京杭大运河。而在西湖西南处，西湖水源补给除了自然降水之外，还于 1986 年引钱塘江水通过金沙涧、龙泓涧、赤山涧、长桥溪等溪流进入西湖。这样，引钱塘江水入西湖，再把西湖水排到京杭大运河，京杭大运河的水再流入钱塘江下游，就形成了西

西湖全景　孙小明摄

湖—京杭大运河—钱塘江的水循环，也造就了西湖的碧波荡漾。

西湖之美更在山水。明代的汪砢玉真正领略了西湖之美，他总结出了西湖之美的精髓："西湖之胜，晴湖不如雨湖，雨湖不如月湖，月湖不如雪湖。"晴空之下的西湖波光潋滟，雨中的西湖山色空蒙，如诗如画，正如苏轼笔下的《饮湖上初晴后雨》所云："水光潋滟晴方好，山色空蒙雨亦奇。欲把西湖比西子，淡妆浓抹总相宜。"月下的西湖也别有一番风味，宋代王洧《湖山十景·平湖秋月》诗云："万顷寒光一席铺，冰轮行处片云无。鹫峰遥度西风冷，桂子纷纷点玉壶。"

月下西湖风景以三潭印月和平湖秋月最为著名。三潭印月是湖中的三座石塔，相传三座石塔最早为苏东坡疏浚西湖时所创设，后位置稍移，塔腹中空，球面体上排列着五个等距离的洞孔。据说人们在中秋月圆之夜可以在此看到33个月亮。

我心相印亭　莫烨犇摄

真有如此神奇吗？只要中秋之夜在三塔中各放置一支蜡烛，烛光就从塔身上的洞孔泻出来，只见一塔五洞，一洞一影，所以每座塔就有五洞五影共 10 个月亮，故三塔一共可见 30 个月亮，加上天上一个月亮，水中一个倒影，就可见 32 个月亮，第 33 个就是每个人心中的月亮了。平湖秋月也宜在秋天欣赏，宋代孙锐就曾以“平湖秋月”为题，描写过这一美景：“月冷寒泉凝不流，棹歌何处泛归舟。白蘋红蓼西风里，一色湖光万顷秋。”

西湖雪湖之美，尽在张岱《湖心亭看雪》。湖心亭立于西湖外湖中央的一个小小的绿洲上，岛以亭名，与小瀛洲、阮公墩鼎足相对，形成一个“品”字。试想“大雪三日，湖中人鸟声俱绝”，在湖天一色的广阔背景下，长天与白云、与山水，白成了一体，白成了一色，此时，“湖上影子，惟长堤一痕，湖心亭一点，与余舟一芥，舟中人两三粒而已”。在白雪皑皑、人迹罕至、万籁无声的

西湖阮公墩

西湖全景旧影（摄于1924年前）

西湖边，唯有诗人与湖心亭相看两不厌。当然，“断桥残雪”，亦是西湖冬韵的赏景佳处。

西湖之胜在人文。宝石山上的秦皇缆船石在不少人心中是西湖最早的记忆，也是杭州最早的地标。它折射出杭州的沧桑变化，见证了浅海湾变成潟湖，后又被人称作钱塘湖、西湖、西子湖的全过程。相传，秦始皇南巡到钱唐时，突遇狂风暴雨，就将船停泊在宝石山下，把船的缆绳系在了这块大石头上。这是一个美好的传说，也是一种历史的曲折记录。

隋唐时期，杭州城市与西湖的关系日益密切。杭州在唐初已经成为人口超过十万的城市，但因临近江海，地下水卤咸，城内饮水极其困难，只能依赖西湖取水。李泌担任杭州刺史后，为了解决饮用水问题，在城内开凿六井——相国井、西井、金牛池、方井、白龟池、小方井，从地下引西湖水入城，以供居民汲用。六井虽然只是六处蓄水池，但它却建立起西湖和杭州城市发展的密切联系，从此西湖就成为杭州城市不可分割的一部分。

柳浪闻莺　孙小明摄

同为唐代杭州刺史的白居易也曾治理西湖，

并为西湖留下了许多名篇佳句。白居易在杭州钱塘门外从石函桥到武林门修筑了一条被称为白堤（即白公堤，不是今天的白堤）的长堤，这条堤使得西湖与钱塘江完全隔离。此后，西湖水不仅可供老百姓饮用，并且可以灌溉沿岸的农田，同时白堤也使西湖美名远扬，此后文人墨客纷至沓来，屡将西湖美景写入诗篇。白居易所作《钱塘湖春行》可谓是全方位描写了西湖春天的桃红柳绿："孤山寺北贾亭西，水面初平云脚低。几处早莺争暖树，谁家新燕啄春泥。乱花渐欲迷人眼，浅草才能没马蹄。最爱湖东行不足，绿杨阴里白沙堤。"

五代吴越国和两宋时期对西湖的治理力度最大，影响也最深远。吴越王钱镠定都杭州后，不仅大力兴建杭州城，也对荒芜已久的西湖做了疏浚，设立涌金水门等，修建龙山、浙江两闸遏制江潮涌入，同时对湖底进行清淤并深挖三处水池增加城市淡水供应。通过吴越国的一系列治理措施，杭州城市与西湖之间唇齿相依的关系更加明显和突出。北宋大诗人苏轼任杭州知州后，不仅吟诗千首，而且修堤一条、恢复六井、疏浚

西湖荷花　姚建心摄

西湖（拍摄于1917—1919年，杭州）（甘博：《甘博摄影集》，浙江人民美术出版社2018年版）

内河、设置堰闸，后人感念苏轼对西湖和杭州的贡献，将其所修长堤称为苏堤，并形成了“苏堤春晓”的西湖胜景。南宋定都临安（今杭州）后，西湖环湖的寺庙、园林也快速增加，西湖泛舟成为士子、商贾和游客的最爱，西湖胜景也广为流传。

元代至明代中期，西湖日渐湮废。直至明正德元年（1506），杭州知府杨孟瑛治理西湖，并形成了与苏堤并行的杨公堤。至此，西湖白堤、苏堤、杨公堤三堤已成。明代田汝成在《西湖游览志余》中赞道：“西湖开浚之绩，古今尤著者，白乐天、苏子瞻、杨温甫三公而已！”

清自顺治朝开始疏浚西湖，至雍正时完工。康熙、乾隆两位皇帝南巡至杭州，促进了西湖的建设，康熙皇帝还为西湖十景题字。清末至民国，阻隔在西湖和杭州城之间的城墙逐渐被拆除，城市与西湖的关系更加密切，沿着西湖边开辟了六个公园。

西湖杨公堤　孙新尖摄

中华人民共和国成立后，政府对西湖多次疏浚整治。1985 年，为净化西湖水质，兴建从钱塘江翻水入湖的引水工程，1986 年 9 月竣工，使西湖水源不足的困境得到缓解。1999—2003 年，开展西湖疏浚工程。2001 年启动西湖综合保护工程，先后恢复杨公堤和堤上六桥，恢复杨公堤以西茅家埠、乌龟潭、浴鹄湾、金沙港等湖面；实施西湖引配水工程，实现西湖水每月一换目标。2002 年 10 月 1 日，西湖免费向社会开放。

人间天堂，秀美西湖。西湖风景秀丽，春日桃红柳绿夹岸相拥，夏日接天莲叶无穷碧，秋夜明月辉映着三潭，冬雪梅花疏影横斜。西湖人文荟萃，漫步在杨柳如烟、桃花灼灼的苏堤和白堤上，联想起诗人治理西湖的功绩，不禁和诗人产生同样的眷恋，“未能抛得杭州去，一半勾留是此湖”。2011 年 6 月 24 日，杭州西湖文化景观被列入世界遗产名录，也是中国唯一一个湖泊类文化遗产。

雪后西湖　艾琳摄

大运河杭州段

中国大运河延续使用时间最长的河段之一

上塘河水百里程，西仁和接东海宁。
夹岸腴田三万顷，禾苗灌溉长青青。

〔清〕汪沆

大运河拱墅段　杭州市京杭运河（杭州段）综合保护中心提供

大运河武林门段　刘柏良摄

中国大运河是世界上延续使用时间最久、空间跨度最大的运河，被《国际运河古迹名录》列为世界上“具有重大科技价值的运河”，是世界运河工程史上的里程碑。2014 年 6 月 22 日，中国大运河入选世界文化遗产名录。中国大运河由于其广阔的时空跨度、巨大的成就、深远的影响而成为文明的摇篮，对中国历史产生了巨大而深远的影响。

大运河杭州段是中国大运河世界遗产的重要构成，它作为江南运河的南端以及浙东运河西端的起止点，是京杭大运河与浙东运河两大运河体系衔接转换的重要节点和枢纽，在两大运河体系中都占据重要的地位，是中国大运河延续使用时间最长的河段之一。大运河杭州段全长约 110 千米，包括上塘河、杭州塘、中河、龙山河、浙东运河西兴段（以下简称西兴运河）等多段河道。上塘河为江南运河浙江段故道，前身为秦始皇修筑的陵水道之一段，隋代大运河全线贯通后，一直至元末，为大运河南端的主航道，长 28 千米，现主要功能转为水利行洪。杭州塘南段开凿于元末，为运河主河道，是现今江南运河浙江段东线，长 41 千米。中河开凿于唐代，南北纵贯杭州城区中部，北接上塘河，南接龙山河，长 8 千米，现为城市景观河道。龙山河原是中河通钱塘江的水道，始凿于吴越钱镠时，现南起闸口，北至凤山门，连接中河，全长 4 千米，与钱塘江已不相通，为城市景观河道。西兴运河始凿于西晋，南宋时与山阴故水道连通，成为浙东运河

大运河拱宸桥段　刘柏良摄

的重要河段。

江南运河杭州段的历史可以追溯到秦始皇开凿的陵水道，即今上塘河，此后，这段河道历经两汉、三国及六朝时期的多次整治，融入了沟通长江和钱塘江的江南运河。江南运河的贯通使杭州的地位得以提升。

隋代南北大运河贯通，通过上塘河经临平至嘉兴，杭州成为大运河端点。唐代开辟经余杭镇的东苕溪航道，以运输漕粮。上塘河一度不通，开余杭塘河自余杭引东苕溪水至西湖，开奉口河自余杭奉口引东苕溪水向东南达杭州北新桥，漕舟改走今奉口河与下塘河。隋代时开通的京杭大运河使杭州成为南北大运河的南端城市。中唐时期，杭州城内运河体系形成，杭州成为海上运输和内河运输的中转枢纽，这也为杭州城市建设打下了基础。五代时期，在吴越国的重视和经营下，杭州城内运河体系不断完善，杭州真正成了一座

运河上的木材市场（杭州抽分场）（拍摄于1917—1919年，杭州）（甘博：《甘博摄影集》，浙江人民美术出版社2018年版）

上塘河上城段　张红临摄

水运不息的城市。宋代十分重视运河整治和管理，尤其是南宋定都杭州后，构建和完善了运河交通网。从此，杭州运河沿线码头、粮库众多，货运繁盛，人口倍增。

元代开新河，江南运河不经上塘河，而经塘栖至嘉兴。元明时期，杭州对运河多有疏浚，保持城内四条主干河道和多条城外河道格局，同时，城内外运河作用逐步衰落。明清时期，京杭大运河对杭州城市的发展仍然具有重大的作用和影响，运河沿线市镇繁华，人口增多，商铺林立，桥梁众多。民国时期，开始填河筑路，部分市内运河段被填埋。

20世纪50年代，浙江省、杭州市机关干部到杭州市郊参加兴修水利劳动，疏浚上塘河

中华人民共和国成立后，杭州城内河道逐步得到疏浚和改造。改革开放以来，大运河杭州段进行综合治理，航道整治疏浚，沿河污水截流，向东新挖河道7千米联通钱塘江，建成三堡船闸；2000年开始实施运河配水工程，建成三堡引水入

浙东运河滨江段　刘柏良摄

城和排涝泵站工程，使清澈的钱塘江水流入运河改善水质和航道，又能在汛期将运河洪涝水排入钱塘江。运河水质、景观均显著改善，杭州大运河文化也日益受到关注。

浙东运河杭州段始于西晋永嘉元年（307），会稽内史贺循开凿的横贯萧绍平原东西的西兴运河。西兴运河南与鉴湖各涵闸沟通，北与平原南北向诸河连接，形成平原水系的纲目，强化了水运与灌溉功能，《嘉泰会稽志》载："晋司空贺循临郡，凿此以溉田。"同时河上堰埭等水运设施的增加，也促进了商旅往来贸易。

隋唐至北宋时期，浙东运河多有整治，北宋仁宗天圣元年（1023），大规模疏浚了浙东运河。同时期浙东运河是联系浙东地区和闽、粤及海外诸国的交通要道。南宋定都杭州后，浙东运河进入黄金时期，成为杭州对外联系的交通要道。

明代初期，浙东运河水患严重，经整治后可继续通航，水运逐渐繁盛。明代的浙东运河还出现了过塘行，根据历史资料记载，在明万历年间（1573—1620）就有过塘行，清末民初，过塘行陆续增多。

清代浙东运河杭州段沿线经济持续发展，城镇繁华，运河地位突出，成为与海外诸国官方贸易的重要通道。直至民国时期，浙东运河上仍舟楫如梭，航运地位重要。

中河上城段　刘柏良摄

中华人民共和国成立后，实施浙东运河沟通工程，形成甲乙双线并行：利用浦阳江和西小江航道拓宽形成的杭甬运河与浙东运河并行。

大运河杭州段悠久的历史积淀了种类多样、类型丰富的运河文化遗产，如广济桥、拱宸桥、凤山水城门、富义仓、三塘五坝、西兴过塘行码头等。这些历史遗存反映了大运河修建、使用过程中真实的历史信息，体现了运河两岸的物质生产、生活方式、思想观念、风俗习惯和社会风尚，展现了大运河自身的发展和变化。

广济桥，又名碧天桥、通济桥，是古运河上仅存的一座七孔石拱桥。广济桥造型古朴庄重，是塘栖古镇的中心，广济桥边有古色古香的水北街和三条半弄历史街区展示着古镇与运河的历史，还有新潮时尚的水南街代表着塘栖古镇现代的繁华与热闹。广济桥边还有记录了塘栖荣耀的乾隆御碑、“井水不犯河水”的郭璞井，和无数来往于大运河上的历史人物及他们的故事。

拱宸桥，始建于明崇祯四年（1631），清光绪十一年（1885）重建，是三孔薄墩联拱驼峰桥。拱宸桥西侧是桥西历史文化街区，这里是明清时的客商云集之地，也是杭州近代工业的发源地。桥西历史文化街区至今保留了大量完整的清末民初沿河民居和现代工业遗存，在这里还有利用早期工业厂址改建的中国扇博物馆、刀剪剑博物馆、伞博物馆等专题博物馆。

凤山水城门　刘柏良摄

凤山水城门是位于中河—龙山河上的古代水城门，门洞由两个不同跨径的石拱券并联而成。南券中间有方形闸槽。两券间有石雕门臼，原有木质城门。杭州凤山水城门始建于元代，明清两代多次修缮、重修。现作为杭州城墙遗址的一部分对公众开放。

富义仓位于拱墅区运河主航道与胜利河的交叉口附近，建于清光绪年间（1875—1908），是运河沿岸保存较完整的古代城市公共仓储建筑群，见证了历史上米市、仓储和码头装卸业等经济业态曾经的发展、繁荣。原有四排仓储式长房，现尚存三排，基本格局尚存，卸货的码头仍在。

货船顺土坝滑入河道（拍摄于1917—1919年，杭州）（甘博：《甘博摄影集》，浙江人民美术出版社2018年版）

杭州老话所说“翻坝过塘”，指的就是三塘五坝。旧时，京杭大运河里的船只经三条塘河进入杭州城里，由于运河与塘河水位有落差，所以就筑堤坝并用人力或牛力拉船过坝，所以有“翻坝

龙山河　刘柏良摄

过塘”一说。三塘即上塘河、下塘河、子塘河。五坝是德胜桥北的德胜坝、德胜桥东的石灰坝、艮山门外的会安坝、武林门外的猪圈坝和米市巷西的新河坝。现除了新河坝留存现代重建的坝闸，其余都已不复存在，遗址处立有石碑。

西兴过塘行码头位于浙东运河西端，是沟通钱塘江与浙东运河的运输枢纽。西兴为春秋时越国渡钱塘江主要渡口，后逐渐改为驿站，并设镇。自古以来西兴为钱塘江与浙东运河运口，市廛繁盛。明清时期，形成了过塘行这种特殊行业，专门负责浙东运河与钱塘江之间的货物、人员转运工作。现因钱塘江河道北移，码头已废弃，失去原有的运输功能，留有码头遗址和协亨祥过塘行、张德茂过塘行等旧址，以及西兴驿遗址、铁陵关遗址、大城隍庙遗址等。

运河上的翻坝（1906 年）（赖骞宇、周群芳著：《外国人眼中的钱塘江》，杭州出版社 2014 年版）

大运河杭州段是展现农业文明技术体系下运

大运河临平段 张红临摄

河工程所能达到的巅峰杰作的典型河段，也是中国大运河史上超大规模水利工程的重要起始节点。作为江南运河的南端以及浙东运河西端的起止点，大运河杭州段是中国大运河东西、南北两条贯通的漕运体系中的关键段落，是沟通陆海丝绸之路的交通水运枢纽，真实见证了中国历史上漕运这一已消逝的制度体系和文化传统，也见证了漕运对杭州城市战略地位提升、历史城址和沿线商贸集镇形成与发展的深远影响，以及在南北文化、经济交流方面的深刻影响。大运河杭州段反映了杭州城与运河相伴相生的特点，并塑造了独特的地域风俗传统和生活方式，与杭州这个在世界城市史上的典范城市的形成发展具有实质性的联系。

大运河流经了富庶儒雅的钱塘佳丽地，记录了杭州繁华古都的沧桑沉浮和白墙粉黛的市井百态。如今的大运河是杭州旅游的一张金名片，也是江南水乡文化体验的经典目的地，正在被打造成中国大运河国家文化公园的经典园。

良渚古城遗址水利系统

中国迄今发现最早的大型水利系统

船出修门未有诗，直须风口泛晴溪。
缘何触景方吟得，拙句频年不立题。

〔宋〕张　镃

良渚古城遗址公园　良渚博物院提供

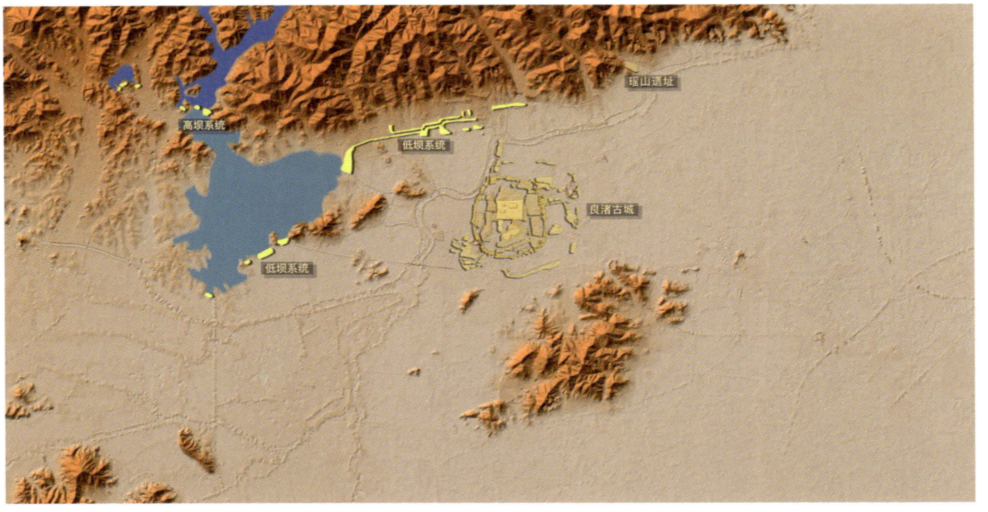

良渚古城格局图　良渚博物院提供

良渚古城遗址位于杭州余杭区瓶窑镇，代表了中华文明起源阶段稻作农业的最高成就，并经由它所代表的良渚文化对其后5000年的中华文明发展拥有广泛而深远的影响，可实证中华文明的发展特征——多元一体，并真实、完整地保存至今，它是人类文明发展史上具有杰出代表性的东亚地区史前大型聚落遗址。2019年，良渚古城遗址被列入世界遗产名录。现已建成良渚古城遗址公园、老虎岭遗址公园。

良渚古城水利系统由良渚古城外围水利系统和城址区的古河道及水城门系统构成。它与良渚古城的生产、生活密切相关，在防洪、蓄水、水运、灌溉等方面发挥了重要作用，为古城的安全与发展提供了必要的保障，是良渚古城遗址的重要组成部分。良渚古城外围水利系统是中国迄今发现最早的大型水利工程遗址，也是世界上迄今发现最早的堤坝系统之一。

良渚水坝的草裹泥工艺　良渚博物院提供

良渚古城外围水利系统，即鲤鱼山—老虎岭

外围水利系统分布图　良渚博物院提供

水坝遗址，位于杭州市余杭区瓶窑镇境内彭公、奇鹤、毛元岭等多处村庄，整个水利系统东西两端相距 11 千米，南北相距 5.5 千米，总占地面积 76.2 公顷，堆筑的总土方量达 288 万立方米。良渚古城遗址外围水利系统由谷口高坝、平原低坝和山前长堤等人工堤坝遗址，以及相关的山体、丘陵、孤丘以及天然溢洪道等自然地形组成，通过 11 条人工堤坝与山体、孤丘等构成了良渚古城遗址水利系统的高坝区和低坝区上、下两级系统。6 条谷口高坝与相连山体形成高坝系统，山前长堤、4 条平原低坝与相连的山体、孤丘形成低坝系统。高低坝区再与具有溢洪功能的山体间的天然隘口组合，就构成了整个外围水利体系。外围水利系统南、西、北三面被天目山余脉围合。天目山系是浙江省暴雨中心之一，每当雨季山洪涌下时，水满成灾。良渚古城遗址水利系统就是良渚先民为了应对来自大遮山和西北山谷的洪水而修建的水利工程，有了这个水利系统，就能降低从大遮山倾泻而下的洪水对古城的冲击和影响。堤坝材料是良渚人一种伟大的创造性发明，就是用草茎包裹了泥块做成“草包”，学名为

老虎岭遗址坝体剖面　陈斌摄

良渚古城遗址公园　良渚博物院提供

“草裹泥”。这种技术使用现代工程师发现的“加筋土”技术，即在泥中掺草，能让土体内部的摩擦力和抗拉强度都得到加强，可谓当时世界上的水利工程奇迹。

良渚古城遗址所处的天目山还为古城先民提供了丰富的木材、石料及其他动植物资源。在5000年前，水运无疑是最便捷的运输方式，而良渚古城恰好具备了水运的条件。良渚古城遗址有长命港、钟家港等古河道逶迤，其间还点缀着星罗棋布、纵横交错的河流湖泊。良渚内城通过多条人工开凿的古河道，与8座水城门和1座陆城门连通古城内外，并与古城外围水利系统沟通。但是，良渚古城遗址外围也存在不利的水利因素。这里山谷陡峭，季节性降水明显，夏季山洪暴发，冬季则可能断流。为了将天目山的各类资源顺利运输到良渚古城，先民们就修建了良渚外围水利系统来调节水量，并借助城内外挖掘的大量人工河道，构建了从古城到下游库区，再到高坝的水路运输通道。

良渚古城及其附近遗址密集、人口众多，可以推测良渚先民在生产生活方面必然存在较大的用水需求。但是古城遗址所在区域来水猛、去水快，且汇水面积较小，因此就存在供需水矛盾。良渚古城遗址外围水利系统应当是良渚先民在古城建设之初，统一规划设计的服务于古城的水利系统的有机构成部分。通过外围水利系统可以将大量西部山区来水蓄留在山谷和洼地内，以供古城生产生活用水。与此相关联的是，考古人员已经在古城周边发现了一些良渚时期稻田的证据，而良渚外围水利系统不仅可以保护区域内稻田不受洪水影响，也

可以通过引水实现自流灌溉。

良渚古城遗址古河道及水城门系统，也是良渚古城遗址水利系统的构成部分。目前已发现的内城古河道系统，纵横交错，其或为顺应地势人工开凿，或利用自然河道进行人工改造而成，或沿城墙两侧平行蜿蜒，或贯穿于台地之间，形成了复杂的河网系统，以长命港、钟家港为代表。内城已发现的 9 座城门中，只有 1 座陆城门，位于南城墙的居中部位，其他 8 座均为水城门，每面城墙各有 2 座，从城址大门进入，沿城墙按逆时针顺序排布，分别为南城墙东水城门、东城墙南水城门、东城墙北水城门、北城墙东水城门、北城墙西水城门、西城墙北水城门、西城墙南水城门和南城墙西水城门。这些水城门不仅连通古城内外的城河，而且是构建古城内外环通水系格局的关键。

良渚古城遗址水利系统是世界同期罕见的大型水利系统，它以互为关联的、独具特色的“水城”规划特色与建造技术，是良渚先民为生存发展进行利用和改造湿地环境的杰出范例，也代表了东亚地区在早期国家阶段开发河网平原地区的土地利用能力。

良渚古城遗址水利系统在坝址选择、地基处理、坝料选材、填筑工艺、结构设计等规划和工程技术方面，体现了中国早期城市与水利工程的整体规划能力及其科学性，见证了良渚文化时期较为科学的水利工程技术和强有力的社会组织能力，也改写了中国与世界的水利史。

杭州海塘

捍卫杭城的海上长城

天分浙水应东溟，日夜波涛不暂停。
千尺巨堤冲欲裂，万人力御势须平。
吴都地窄兵师广，罗刹名高海众狞。
为报龙神并水府，钱塘且借作钱城。

〔五代〕钱　镠

杭州海塘临平丰收湖公园段　张红临摄

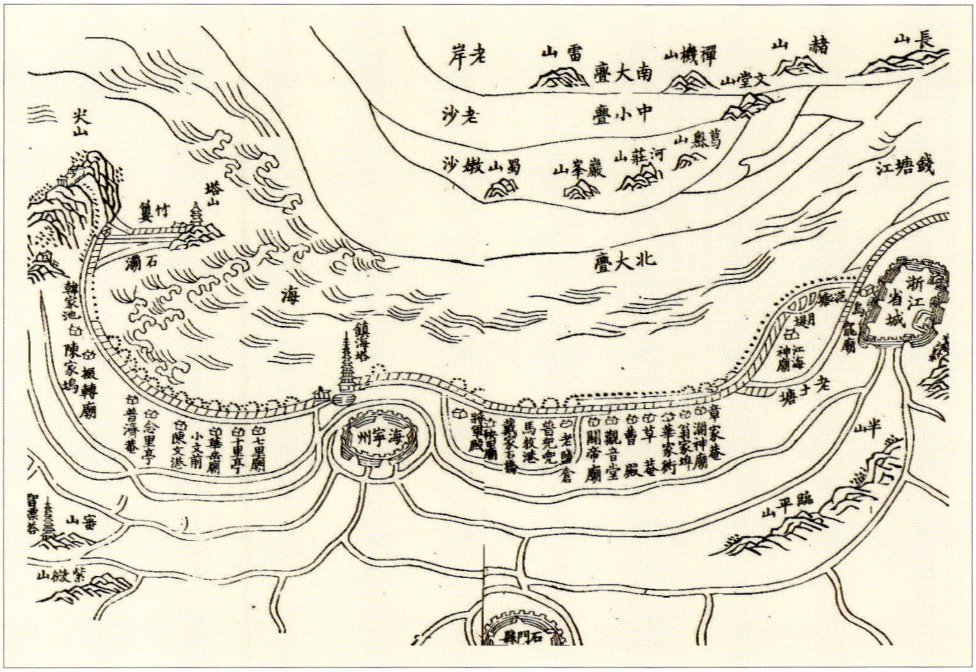

海塘图（清光绪《杭州府志》附图）

杭州海塘是钱塘江北岸人们为防御钱塘江洪潮灾害而修筑的堤坝。自古以来，杭州城市因海塘而安，因海塘而存。杭州海塘护卫了城市的发展繁荣。这条海塘所护卫的区域历来是国家粮食生产、赋税收入、经济和文化重地。历史上，受钱塘江潮涌的影响，海塘屡建屡毁，屡毁屡建。

根据史料记载，汉代会稽郡议曹华信为了防止海水入侵，在钱唐县东筑防海大塘，这是有记载的杭州海塘的最早历史。当时所筑的海塘是直接用土石堆成的。

唐代贞观年间（627—649），开始有官方修筑海塘。唐代诗人崔国辅在赴山阴任职的路上，曾夜宿于今杭州市西湖区的梅坞溪（当时称范浦）边，并写了《宿范浦》一诗："月暗潮又落，西陵渡暂停。村烟和海雾，舟火乱江星。路转定山绕，塘连范浦横。鸱夷近何去，空山临沧溟。"其中就提到了杭州海塘。唐代钱塘江南北两岸均修筑了绵亘百里的海塘。

五代时，吴越王钱镠在杭州候潮门、通江门外修竹笼石塘。钱镠所筑海塘在材料和技术上均有大的进步。此前，杭州海塘多为无法长期承受潮流冲击的

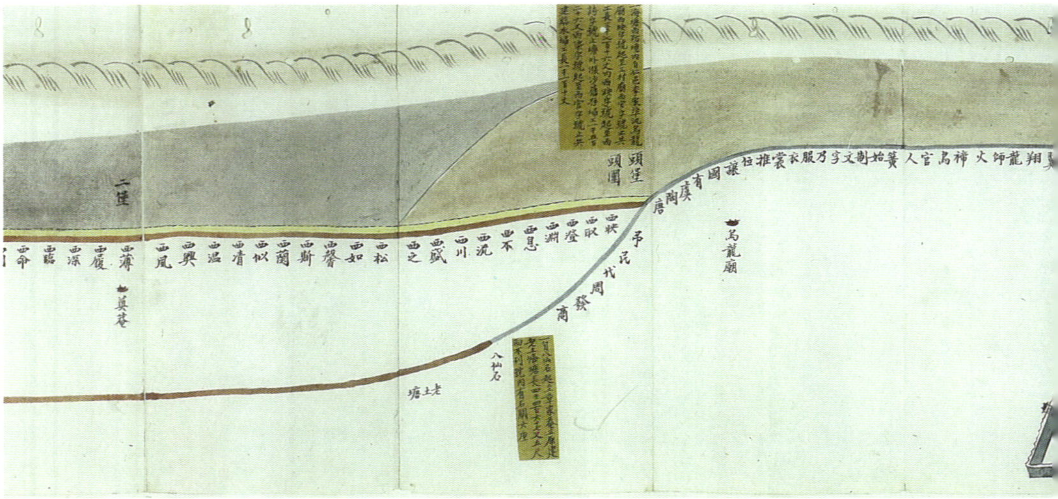

清代浙江江海工统柴埽石塘篓坦盘头裹头各工形势字号丈尺里堡地名全图（局部） 浙江省图书馆提供

土塘或土石塘，因此极易坍塌。钱镠初期以木板为框架夯筑土塘，未能成堤。后来改用竹笼盛装巨石，并以长数丈的木桩为塘脚，木桩外侧再布置护岸工程，这一系列筑塘措施和方法大大增强了海塘抵御潮水的能力。钱镠筑成海塘后，杭州多年未遭受严重潮灾。

北宋大中祥符五年（1012），钱塘江潮水冲毁杭州海塘，海潮直逼杭州城垣。两浙转运使陈尧佐开始筑柴塘。后来工部侍郎张夏出任两浙转运使，设置捍江兵士，由专人管理海塘采石和修复工作，一旦有海塘损毁则立即修复。到南宋定都临安（今杭州）后，更加重视杭州海塘修缮工作，设立了专门机构——修江司。

元明时期，杭州新筑海塘不多，仅在大潮年份进行修治。明嘉靖二十一年（1542），水利佥事黄光昇创立了五纵五横鱼鳞石塘。明代还疏浚塘河，形成了石塘—塘河—土备塘联合御潮体系。

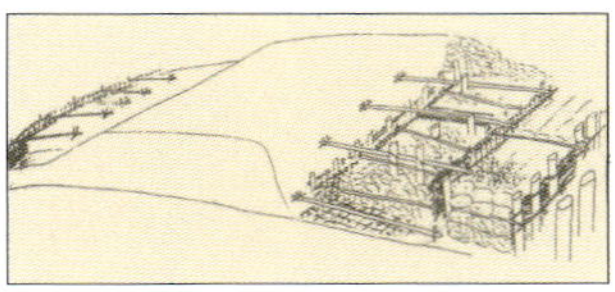

钱氏捍海塘结构示意图

清代是海塘的集大成者，朝廷委派重臣、投入巨资修建了鱼鳞海塘。乾隆十分重视海塘修筑，曾有圣旨“浙江建筑石塘，所以保卫民生，关系甚重”，并多次阅视海塘，撰写了《阅海塘记》《南巡记》等碑文。乾隆还写下了数十首有关海塘的诗：“如杭第一要，筹奠海塘澜”；“鱼鳞诚赖此重堤，堤里人家屋脊齐”；“西塘尚有沙涂护，既至东塘沙总无。石不能为柴欲朽，防秋要计可徐图”。在今杭州上城区采荷街道夕照社区碑亭路与石塘路交叉口有一座四季青碑亭，于清乾隆四十二年（1777）钱塘江海塘修筑成时而立，碑上镌刻着浙江及杭州地区捐俸修海塘官员的官职及姓名。四季青碑、亭相互辉映，共同印证了钱塘江海塘的修筑史。

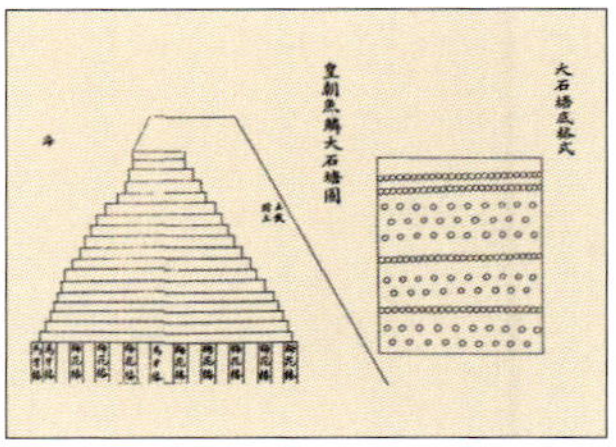

清朝鱼鳞大石塘图（清翟均廉《海塘录》附图）

民国时期，杭州在修筑和加固海塘的同时，开始制定以治理河口江道为主要内容的治本方略，并分段巩固杭州城东一带海塘。在修筑技术和材

杭州九堡古海塘遗址　杨东摄

料上，开始采用水泥砂浆、钢筋混凝土等新材料和新技术。

中华人民共和国成立之初，杭州海塘治理以堵口复堤、抢修险工和培修加固为主。20 世纪 50 年代后期，开始缩窄江道，并按规划治导线治江围涂。1997 年开始大规模钱塘江标准海塘建设，一道雄伟的“海上长城”屹立在东海之滨。

随着钱塘江岸线的变迁，杭州海塘许多已经成为遗址。在以下三处仍可见杭州海塘遗址。

第一处在西湖区转塘街道狮子社区路口，有一段古海塘遗址露出地表。这段海塘位于块石垒砌的高台，上有一棵粗壮的香樟和一只带着九小狮的母狮子石像，石狮一侧有文物保护标志牌，

四季青碑亭　上城区综合行政执法局提供

杭州海塘临平丰收湖公园段遗址　张红临摄

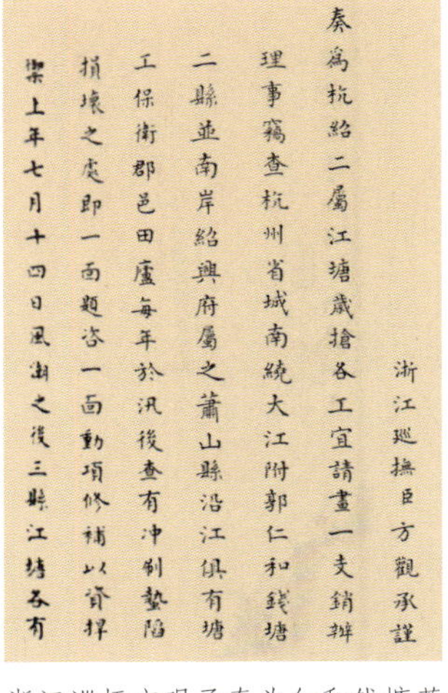

浙江巡撫臣方觀承謹
奏爲杭紹二屬江塘歲搶各工宜請畫一支銷辦
理事竊查杭州省城南繞大江附郭仁和錢塘
二縣並南岸紹興府屬之蕭山縣沿江俱有塘
工保衛郡邑田廬每年於汛後查有沖刷蟄陷
損壞之處即一面題咨一面動項修補以資捍
禦上年七月十四日風潮之後三縣江塘各有

浙江巡抚方观承奏为仁和钱塘萧山三县江塘岁抢各工宜请画一支销办理折（中国第一历史档案馆：《清宫御档——御批两浙名臣奏议（海塘卷）》，西泠印社出版社 2003 年版）

旁边的石柱上有刻着“砥柱回澜”和“于斯万年”的碑刻记载着杭州海塘的悠久历史。

第二处在杭州上城区的飞云江路、老杭海路、江城路、常青区块、九堡等地的海塘遗址，这些海塘建设时期自五代至清代，在城市建设过程中，对大部分海塘遗址发掘后进行了回填保护，目前唯一可供参观的是位于杭州上城区九堡的海塘遗址博物馆，这里有长约 300 米，共 17 层由条石按照一层丁砌和一层顺砌交替垒砌而成，块石之间用米汁石灰填塞，顶层丁砌，条石之间用铁锭固定的鱼鳞石塘，这段海塘整体保存完整，目前挖掘展示 14 层。

现存第三处海塘遗址在临平区丰收湖公园至

钱塘江南岸海塘　刘柏良摄

南苑街道钱塘社区与海宁市许巷镇翁家埠交界处。这段东西走向的海塘由平行相距约 26 米的柴塘与石塘组成，北部为石塘，南部为柴塘。这段海塘除个别路段因城市建设被破坏或掩埋入地下外，基本保存完整。

“不是银塘万众修，岂能砥柱镇中流。浪随鲸背高低落，工集鱼鳞上下同。”杭州海塘历史悠久、塘型多样，钱塘江北岸还有许多历代杭州海塘遗址，它们集中体现了各种海塘营造技术，是中国水利工程的杰出代表，也是杭州祭潮文化、镇潮文化和观潮文化的特殊见证。2017 年，杭州海塘被公布为浙江省省级文物保护单位。

4

[illegible]稟稿議案附收支清冊

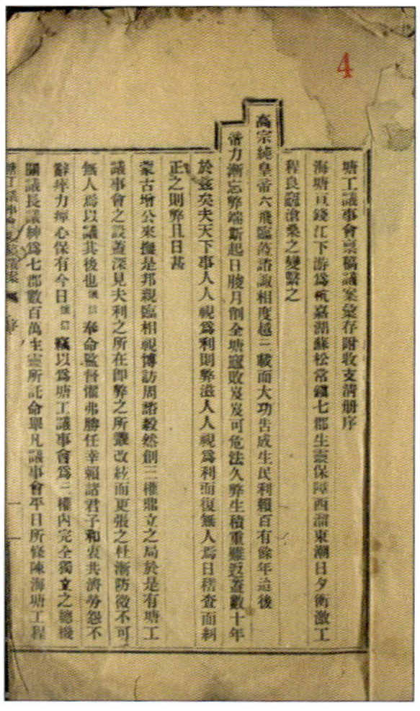

4

塘工議事會稟稿議案彙存附收支清冊序

海塘[illegible]錢江下游爲杭嘉湖蘇松常鎮七郡生靈保障西溜東潮日夕衝激工程艮鉅滄桑之變繫之

高宗純皇帝六飛臨蒞諮諏相度越一載而大功告成生民利賴百有餘年迨後當力漸忘弊端漸起日朘月削全塘窳敗岌岌可危法久弊生積重難返蓋數十年於茲矣夫天下事人人視爲利則弊滋人人視爲利而復無人爲日稽查而糾正之則弊且日甚

蒙古增公來撫是邦親臨相視博訪周諮毅然創三權鼎立之局於是有塘工議事會之設蓋深見夫利之所在即弊之所叢改絃而更張之杜漸防微不可無人爲以議其後也[illegible]奉命監督懼弗勝任幸賴諸君子和衷共濟勞怨不辭竭力殫心保有今日[illegible]竊以爲塘工議事會爲三權內完全獨立之機關議長議紳爲七郡數百萬生靈所託命舉凡議事會平日所條陳海塘工程

塘工議事會稟稿議案　序

塘工议事会禀稿议案汇存附收支清册（清宣统徐懋元编《塘工议事会禀稿议案》）

西溪湿地

国际城市湿地保护与利用的成功典范

芦花瑟瑟满洲白，花飞欲吞云梦泽。
出湖山外得清游，秋老西溪天水色。

〔清〕康有为

西溪湿地 · 春　潘劲草摄

西溪湿地全景　刘柏良摄

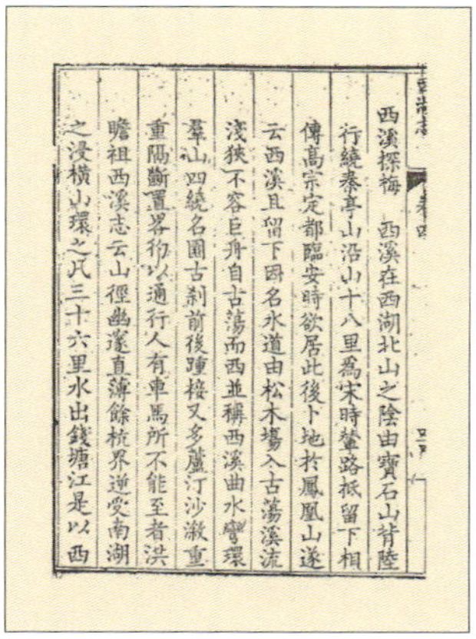

西溪探梅　西溪在西湖北山之陰由寶石山背陸
行繞秦亭山沿山十八里爲宋時輦路祗留下相
傳高宗定都臨安時欲居此後卜地於鳳凰山遂
云西溪且留下因名水道由松木塲入古蕩溪流
淺狭不容巨舟自古蕩而西並稱西溪曲水彎環
羣山四繞名圃古刹前後踵接又多蘆汀沙溆重
重隔斷置畧彴以通行人有車馬所不能至者洪
瞻祖西溪志云山徑幽邃直薄餘杭界逆受南湖
之浸橫山環之凡三十六里水出錢塘江是以西

西溪探梅（清雍正《西湖志》）

“西溪且留下”，千年之前，是西溪湿地优美的自然生态，还是深厚的人文景观，或者是融化在西溪湖塘之间的人文风俗吸引了南宋高宗皇帝赵构的青睐？

西溪湿地是在长期的自然演化和人为干预下，逐步形成的。其历史发展可以概括为东汉形成、唐宋发展、明清全盛、民国衰落、21 世纪复兴。早在东汉时期，西溪湿地一带就有人类活动。吴越国建都杭州后，西溪湿地从原生湿地变成次生湿地，面积大为缩小。晋至北宋时期，佛教文化介入西溪湿地。相传南宋高宗皇帝赵构眷念西溪美景，遂有“西溪且留下”的佳话。明清时期，西溪地区养鱼育蚕，种竹培笋，栽茶植果，许多名人兴建园林别墅。民国初期至 20 世纪二三十年代，西溪湿地还较完整地保存着湿地功能。之后，西

溪湿地范围逐渐缩减。2003 年，西溪湿地综合保护工程启动。2005 年 5 月 1 日，杭州西溪国家湿地公园正式对外开放。2009 年 7 月 7 日，西溪湿地被列入国际重要湿地名录。2011 年，《杭州西溪国家湿地公园保护管理条例》实施，为西溪湿地永续发展提供法律保障。2020 年，西湖西溪一体化保护提升正式实施。

“西溪”最初是水名，即发源于杭州余杭板照山北麓、全长 35 千米的沿山河，它一路逶迤流淌，沿途接纳多条水流后，汇入京杭大运河。从本质上说，西溪并非仅是一条溪，而是阡陌纵横的河网港汊，这就为湿地的形成打下了基础。

水是湿地的基本要素，西溪一带最初为苕溪潴水区，每当夏季暴雨时苕溪猛涨，这里便沦为巨泽。西溪湿地以南漳湖为中心，五常港、余杭

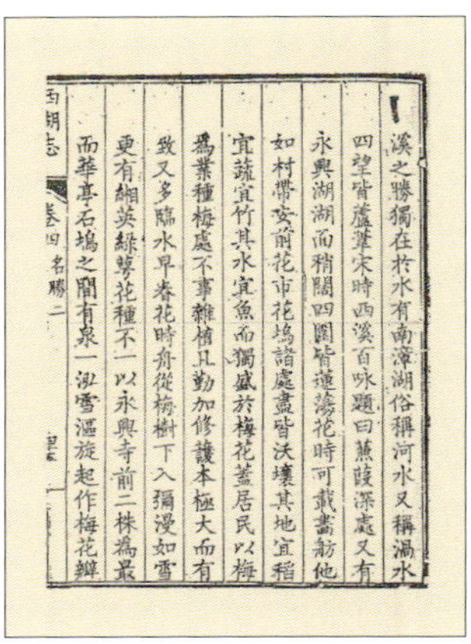

溪之勝獨在於水有南漳湖俗稱河水又稱漏水
四望皆蘆葦宋時西溪百咏題曰蕉陂深處又有
永興湖湖面稍闊四圍皆蓮藕花時可載畫舫他
如村帶安前花市花塢諸處盡皆沃壤其地宜稻
宜蔬宜竹其水宜魚而獨盛於梅花蓋居民以梅
爲業種梅處不事雜植凡勤加修護本極大而有
致又多臨水早春花時舟從梅樹下入彌漫如雪
更有緗英綠萼花種不一以永興寺前二株爲最
而華亭石塢之間有泉一泓雪溜旋起作梅花瓣

西湖志 卷四 名勝二

西溪探梅（清雍正《西湖志》）

西溪湿地·夏　潘劲草摄

塘河、紫金港、沿山河为其四边，加上万口大小水塘，形成“千顷蒹葭十里洲”“万顷寒芦一溪水”，荡、漾、堤、塘、渚等相互交映的丰富景观。由于自然风光与人类活动的相互映衬，更构筑了“水在村中，村在水中”人文交映、变幻无穷的水乡风情。

西溪湿地的水由溪港、湖塘、井泉三类构成。溪港是西溪湿地的“纲目”，这类水道主要有西溪河即沿山河、顾家港、天竺港、紫金港、严家港、闲林港、五常港、蒋村港等，这些溪港名称也发展成当地的地名。

湖塘是西溪湿地的“骨肉”，除了少部分自然形成的湖塘，还有更多的是人工开挖的湖塘。在西溪数千年历史上，勤劳的人们利用地形特点，围塘养鱼，在池塘边种竹、桑、柿，发展农业。西溪的许多湖塘名称，体现了农耕文明的特色，例如永兴湖、蒹葭里、玛瑙池、虾球兜、金莲池、千斤池等。在这些河塘并不宽的堤坝上，长满了树木和竹林，塘中是觅食的水鸟，水里栽种着红菱白藕，高低错落，野趣浓厚，尽显湿地田野风光。

西溪湿地·秋　潘劲草摄

在西溪湿地这片土地上，还有许多井泉，它们犹如这片土地的眼睛，见证了西溪的古老与繁华、寂静与辽远。根据资料记载，在明清之前，西溪有将台钟乳泉、东法华泉、梅花泉、冷水孔、方井、金鱼井、双井等二三十处井泉，每一处井泉背后，都镌刻着一段悠久历史与文化记忆。

独特的山水和悠久的历史也造就了西溪湿地丰富的人文景观。西溪福绿寿三堤串起了秋芦飞雪、火柿映波、洪园余韵、蒹葭泛月、渔村烟雨、曲水寻梅、龙舟胜会、莲滩鹭影、高庄宸迹、河渚听曲十景。

福堤是西溪的文化堤，“福”恰好切合杭州打造“最具幸福感城市”的定位，这条堤以生态为基调、人文为特色，除了“六福桥”古桥，还有沿堤散落的西溪梵文化、隐文化、俗文化、闲文化的历史碎片，充分展现西溪水乡所沉积的厚重的历史和文化。

绿（谐音禄）堤与杭州打造生态城市相呼应，是一条生态之堤。这条堤犹如一串五彩的珍珠，自西向东串起了湿地生态植物园、湿地植物展示区、湿地生

西溪湿地·冬　潘劲草摄

态保护区。绿堤两侧植被丰茂，绿意盎然，生态良好，景观优美，是西溪湿地的科普长廊。

寿堤取意与杭州市打造健康城市的目标相吻合，两岸水网纵横，古树森森，朴野幽趣，是西溪湿地中最长的一条堤。沿线有火柿映波、洪园余韵、龙舟胜会、桥亭思母等胜景。沿着寿堤漫步，只见河水荡漾、植被葱郁、山影幽静，眺望水中的倒影，码头、渔船、港湾与乡村园林融为一体，景观天成。

西溪湿地被称为“杭州之肾”，这里地势低平，河流纵横，湖荡密布，不仅有总量约 500 万立方米的地表水，还有充足的地下浅层水。湿地内有河道 100 多千米，水面面积占 52% 以上，具有较好的水利调节作用，汛期可以蓄滞洪水，旱季则能够调节旱情。正因为如此，这里的生

西溪探梅（清乾隆《西湖志纂》）

物物种不断增加，截至2021年，有维管束植物711种，昆虫898种，鸟类193种。良好的水质、土壤、大气及生物多样性条件，使西溪湿地成为集城市湿地、农耕湿地、文化湿地于一体的国家湿地公园。

湿地是生物多样性富集的生态系统和人类重要的生存环境之一，具有涵养水源、净化水质、维护生物多样性等重要的生态功能。经过多年建设，现在的西溪湿地总面积约为11.5平方千米，分为东部湿地生态保护培育区、中部湿地生态旅游休闲区和西部湿地生态景观封育区。

“芦锥几顷界为田，一曲溪流一曲烟。”西溪湿地见证了千百年来人类活动和生态过程的交互作用，也见证了湿地和城市共生共荣的历程。今天，它仍然以其优美的自然风光、独特的生态价值和丰富的人文景观，成为杭州人的精神家园。

水工风华

钱唐曲

〔唐〕 温庭筠

钱唐岸上春如织，淼淼寒潮带晴色。
淮南游客马连嘶，碧草迷人归不得。
风飘客意如吹烟，纤指殷勤伤雁弦。
一曲堂堂红烛筵，金鲸泻酒如飞泉。

河畔暮雨

东河
古时杭城的水运要道

才过插柳又悬蒲，竞渡端阳笑且呼。
今日东河真绚熳，销金不独是西湖。

〔清〕陈春晓

东河寻幽　徐晖摄

东河春来早　俞秋杭摄

东河南起断河头，北至滚水坝与京杭大运河连通，全长约 4.1 千米，是杭城现存古河道之一。东河开凿于唐代，南宋时为杭城东边的护城河。南宋杭城有“东菜、西水、南柴、北米”的民谣。其中“东菜”者，因城外的农人以种菜为业，担菜到东青门外的桥边来卖，形成集市。东河因此称为“菜市河”，那座桥被唤作“菜市桥”。

宋《咸淳临安志》载：“菜市河，南自新门外，北沿城景隆观，至章家桥、菜市桥、坝子桥，入泛洋湖，转北至德胜桥，与运河合流。”至南宋新建德寿宫，掩埋了东河南段，从此东河与中河不再相连，东河也成了“断头河”。元至正十九年（1359），张士诚筑城东扩三里，将菜市河包络于城内，东河成为城内之河。明起称东运河，清代以后称为“东河”。清光绪五年（1879），浙江巡抚梅启照在坝子桥南之新横河桥东开河，至田家桥西，使中、东河之北段连接，仍筑坝隔断以保

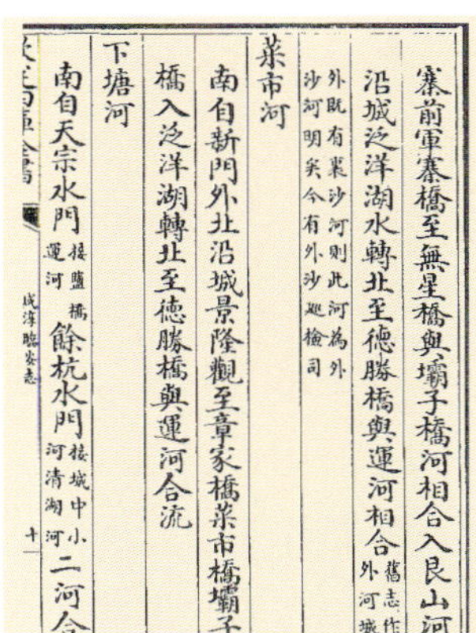
寨前軍寨橋至無星橋與壩子橋河相合入艮山河
沿城泛洋湖水轉北至德勝橋與運河相合舊志作外河城
外既有裏沙河則此河為外沙河明矣今有外沙廵檢司
菜市河
南自新門外北沿城景隆觀至章家橋菜市橋壩子
橋入泛洋湖轉北至德勝橋與運河合流
下塘河
南自天宗水門接鹽橋運河餘杭水門接城中小河清湖河二河合
咸淳臨安志　十一

菜市河（南宋《咸淳临安志》）

持各自水位。中华人民共和国成立后，东河和中河陆续开展大规模整治。东河在 1983 年与中河同时综合治理，同为杭州城的景观和排水河道。2010 年，在河坊街凿路成河，中河水过滚水坝入东河，为其主要水源，两河时隔近千年终于再次贯通。

东河雪景　张关春摄

东河是古代杭城的水上交通干线，与中河串联起钱塘江与大运河，保证了杭州的漕粮、物资以及茶叶、香药、金银布帛等的转运，使杭州成为以江河湖海连接世界的繁华都会、市井与风雅并存的“人间天堂”，也成就了江南水乡“沿河成市、因水成街”的烟火气。东河人家枕河而居，似《清明上河图》，为一幅江南水乡画轴。宋代东河一带赛龙舟很盛行，竞渡时，会在宝善、新桥、太平、万安各桥汇集十多条龙舟来竞夺锦标，“竞渡飞来指顾间，榴花照水妒红颜。东河亦有销金处，多少游船落半山”，可见清代东河的龙舟赛盛况。旧有民谣流传：“一桥二桥水不流，三桥桥畔多泊舟。侬情常如江上水，愿郎弗住断河头。”此处的桥即斗富一桥、斗富二桥、斗富三桥，明代皆以“豆腐桥”名排列。当年是否有豆腐坊集聚，并无史料记载。不过，后来将“豆腐”叫成“斗富”，或许是口彩，或许是一种

东河雪霁　孔凤芾绘

东河旧貌

追忆。因为在南宋，杭州成了行都临安，这三座桥被称“通利桥”“米市桥”“五柳园桥”时，是有过一段斗富似的繁华。

如今的东河，河岸两旁柳树成荫、绿道延绵，周遭雕塑小品、亭台楼榭，铺陈开了一幅穿梭于城市高楼之间的画卷。菜市桥一带以便捷、实惠、朴素的商贸特色，孕育出了浓郁的市井味儿，并保留传承着近千年前的南宋遗风，文化、教育、艺术在这儿孕育、滋长、扎根。菜市桥下栈道的《菜市桥市井图》浮雕和《菜市花灯图》浮雕，便是以组图描述古菜市桥市井的生活百态和古时闹花灯的民俗市井场面。这样的市井百态也在南宋著名女词人朱淑真的《元夜》中得到了印证：“火烛银花触目红，揭天鼓吹闹春风。新欢入手愁忙里，旧事惊心忆梦中。但愿暂成人缱绻，不妨常任月朦胧。赏灯那得工夫醉，未必明年此会同。”

历经千年更迭，呈现出“泛舟东河，寻味市井”的特色美丽河道，也再现了清代诗人姚思勤笔下“城曲云岚近可招，绿莎夹岸织裙腰”的动人场景。

东河雪韵　石国仙摄

贴沙河

千年水流　护卫杭城

澄明日影射鱼罩，淡冶风光上鸭陂。
齐浸篱根三尺水，小桃正是试花时。

〔清〕厉　鹗

贴沙河古庆春门段　刘柏良摄

贴沙河拱墅段　刘柏良摄

贴沙河为杭州市区古河道，开凿于唐咸通二年（861），也称城外运河、里沙河、外沙河、后沙河。宋代以前，因河在钱塘江沙涂上，与几条河流统称沙河，宋代起始称贴沙河。又因曾是城外通达钱塘江的运河，故又名城外运河。贴沙河原起点在三廊庙的浙江闸，通钱塘江；历千余年变迁，如今则南起凤山门直河头贴新闸，北至艮山闸，全长 6.3 千米。

杭州很早就在凿河引钱塘江水入城。唐景龙四年（710），沙岸北涨，州司马李珣（一说宋璟）开挖沙河。唐咸通二年，杭州刺史崔彦曾开三沙河。北宋熙宁五年（1072），苏轼到凤凰山上的望海楼闲坐，作《望海楼晚景五绝》，其中便有对贴沙河的描写："沙河灯火照山红，歌鼓喧呼笑语中。"南宋吴自牧《梦粱录》记载："城外运河，南自浙江跨浦桥，北自浑水闸、萧公桥、清水闸、众惠桥、椤木桥、诸家桥转西，由保安寨至保安水门入城。土人呼城（外）河曰贴沙河，一名里沙河。"据《西湖游览志》记载，张士诚于元至正十九年（1359），筑城东扩三里，贴沙河成为东城墙下的护城河。随着时间的推移，沙土不断淤积，贴沙河逐渐被填埋成平地。直到明嘉靖年间（1522—1566），汪大受至杭州专责疏浚贴沙河，浚除湮淤，清理侵占河道，全面恢复运河原貌，舟行畅通，商贾称便。事后他又写下《重开贴沙河记》，记载了为开河出资出力的贤达乡人及整个挖掘疏浚过程。明清两代，贴沙河仍通钱塘江。光绪三十三年（1907），沪杭铁路沿

贴沙河体育场路高架段　杭州市综合行政执法局提供

贴沙河东穿城而入，设车站于清泰门内（即城站），拆城门及城墙一段，贴沙河河道显现于市区。清末浙江闸因江岸地势变化而废，起点处河道遂湮。1984 年修建南星桥立交后，肖公桥以南尚剩河段不再与北段相通。

清末以来，贴沙河全河不通舟楫，故水质清澈，自然环境良好。旧时杭城自唐代李泌凿六井开阴窦（暗渠），引西湖水入井后，市民一直以井水作为主要的饮用水源。但随着人口增加，市区水井水质不断下降，影响百姓生活。1928 年，当时的杭州地方政府决定建造杭州自来水厂，成立了自来水筹备委员会，并任命商贾王竹斋具体负责工程设计和经费筹划工作。王竹斋亲率工程技术人员选定清泰门外贴沙河河水及周浦钱塘江水作水源，于 1931 年 8 月 15 日建成杭州第一座自来水厂——清

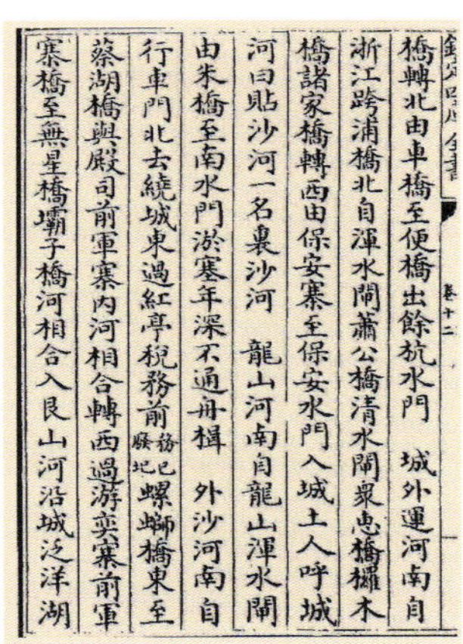

橋轉北由車橋至便橋出餘杭水門　城外運河南自浙江跨浦橋北自渾水閘蕭公橋清水閘衆惠橋欏木橋諸家橋轉西由保安寨至保安水門入城土人呼城河曰貼沙河一名裏沙河　龍山河南自龍山渾水閘由朱橋至南水門淤塞年深不通舟楫　外沙河南自行車門北去繞城東過紅亭稅務前（務已廢圮）螺螄橋東至蔡湖橋與殿司前軍寨內河相合轉西過游奕寨前軍寨橋至無星橋壩子橋河相合入艮山河沿城泛洋湖

贴沙河（南宋吴自牧《梦粱录》）

贴沙河清泰水厂　刘柏良摄

泰自来水厂，并取得了民国政府卫生部第一号自来水许可证。为了表彰王竹斋的功绩，当时的杭州地方政府把原河坊街西段更名为“竹斋街”。

自来水厂建成后，贴沙河成为水源保护区。1996 年起，政府对贴沙河实施全面整治，沿岸逐渐建成候潮公园、金衙庄公园、青年公园和城东公园等公园。2018 年，贴沙河被评为市级“美丽河道”，2020 年又成为省级“美丽河道”。

时至今日，千年贴沙河依然是杭州备用饮用水水源。从庆春门城楼上眺望，贴沙河碧波粼粼，两岸杨柳依依，绿道延绵如画；入夜“灯火沙河”又是另一番美景，成了杭州城东的颜值担当。“千年城河、亘古记忆，悠悠绿道、沙河古韵”，行走在贴沙河畔，杭城浓厚的历史底蕴也随着河岸清风涌进了心田。

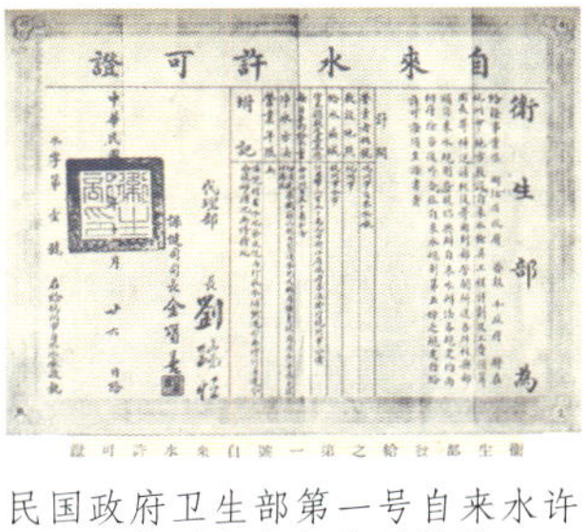

自來水許可證

衛生部為

衛生部發給之第一號自來水許可證

民国政府卫生部第一号自来水许可证　杭州市水务集团提供

余杭塘河

通舟楫担运粮　余杭塘上漕运忙

新丝卖得贯腰缠，一路归途生晚烟。
清水港看明月上，观音关趁夜航船。

〔清〕魏　标

余杭塘河古荡段　刘柏良摄

余杭塘河拱墅段　刘柏良摄

这是一条杭州城市的记忆之河，见证了杭州城市的发展。她为漕运而生，在历史上商船云集、航运发达，并随其发展而来的治水文化、商贸文化乃至建筑文化，组成了杭州历史变迁的重要一部分。

其实在很多老杭州人眼里，余杭塘河也是杭州人的母亲河。走过春夏秋冬，都是不一样的风景，随着历史的变迁，述说着不一样的古老故事。

余杭塘河，古称运粮河，又名官塘河，位于杭州市区西北部，是京杭大运河的重要支河，也是运河主要支线航道之一，全长22.3千米，河宽15—40米，是南湖退水闸泄水入运河的通道，也是杭州市西北部汇水流入运河的主河道，又是余杭镇至杭州的水运干道。

隋大业年间（605—618），余杭塘河为漕运而疏浚，是古代余杭县主要航道之一。清嘉庆《余杭县志》载："通舟楫，水盈可胜三百斛以上之舟，遇旱水涸亦可胜百斛舟。"南宋淳祐七年（1247），杭州大旱，西湖见底，百井干涸，为解决百姓饮水问题，朝廷上马了一项"引天目水工程"。《梦粱录》载："尹京赵节斋给官钱米，命工自钱塘尉廨北、望湖亭下凿渠，引天目山水，自余杭河，经张家渡河口，达于溜水桥斗门。凡作数坝，用车运水，经西湖，庶得流通。城中诸市民赖其利也。"

余杭塘河三墩段　刘柏良摄

百年后，元代末年，为了便于军粮运输，张士诚率 20 万军民，历时十年，从江涨桥到塘栖挖了一条“宽二十丈”的新运河。新运河在北端与余杭塘河相连，南端连接隋炀帝开凿的江南运河。自此，产自余杭镇、仓前镇、蒋村乡的大米和其他土特产，经余杭塘河、京杭大运河，源源不断运往北方，余杭塘河也因此被称为“运粮河”。

如今的余杭塘河，西起余杭区余杭街道南苕溪，流经仓前、梦想小镇、杭师大、浙大紫金港校区、十里银湖墅注入京杭大运河，沿途流经余杭、西湖、拱墅三区，连接着西溪湿地、和睦水乡，是杭州市生态绿化廊道，也是杭州城西的金腰带，续写着新的华章……

古新河

连接两大世界文化遗产的黄金水道

宿雨涨春流，晓日红千树。
儿度寻芳载酒来，自与东风遇。

〔明〕王　洪

古新河拱墅段　沈伟坚摄

古新河拱墅段　沈伟坚摄

这是一条连接两大世界文化遗产的黄金水道，一头挑起了西湖，一头连接了运河；这是一条儿时桨声灯影里的护城河，一头唤醒了记忆，一头串起了真情。

古新河开凿于元代末年，起于西湖，终于运河，是“唯一连接两大世界文化遗产的生态廊道”。清乾隆《杭州府志》载：“抵新河坝，河自元末始开，故谓之新河。”作为曾经杭州城的护城河之一，古新河畔也发生过许多可歌可泣的故事。

明嘉靖三十四年（1555），倭寇血洗塘栖后，沿运河一路向南，在杭州城外烧杀抢掠，附近的百姓都逃到古新河城墙下避难。可当时的地方长官吓坏了，命令坚守城门不出，因此也将避难的百姓拒之门外，数十万男女老少在城外放声大哭。守将阮鹗知道后非常气愤，说：“怎么能眼睁睁地

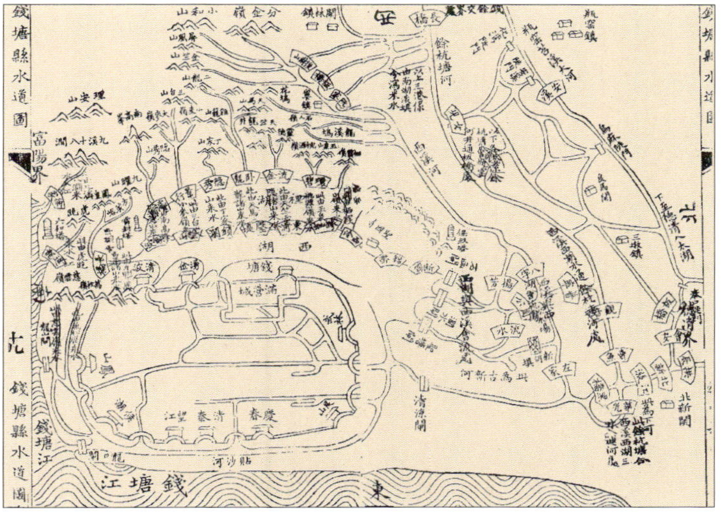

《钱塘县水道图》上可见古新河（清王凤生《浙西水利备考》）

看着百姓被倭寇杀害呢？”于是力排众议，亲自打开城门，在城外陈兵护卫，让老百姓有次序地进城。同时派出一支精壮兵力，连夜出击，倭寇很快招架不住，退离杭州。阮鹗因此升任浙江巡抚，兼理福建。

在旧“湖墅八景”之中，古新河独占其二——“陡门春涨”“半道春红”。每当汛期遇到大雨，西湖水位高涨，此时圣塘闸开启，高出古新河水位5—6米的西湖水穿涵洞，奔涌而出，发出隆隆声响，一时间，古新河水位猛涨，浪击岸壁，犹如钱江大潮，颇为壮观，古人把这一景观称为“陡门春涨”。据明代《西湖游览志》记载，旧时半道红夹路栽桃数里，春天桃花开时，灿烂似锦，花落如红雨，落入古新河，河水又将桃花冲入西湖，这就是“半道春红”，也称“半道红雨”。

古新河是西湖排水的主要河道，自西湖东北圣塘闸起，向北穿越环城西路、环城北路，与湖墅南路平行北流，至左家桥折向东注入京杭大运河，全长3.8千米，目前以城市景观河道为主，兼有防洪功能。近年来，经过综合治理，古新河真正实现了水清岸绿、鱼翔浅底的美好生态画卷，再现“春风十里桃花香，姹紫嫣红杜鹃艳”的景象。

西塘河

江南运河进入杭州的新通道

常时一夜北新桥，问讯兹来故不遥。
岂虑坚冰忽成合，更当冷日未能消。

〔宋〕赵　蕃

西塘河　沈伟坚摄

绿树丛中的西塘河　沈伟坚摄

西塘河，宋代称为奉口河，因南宋淳祐年间（1241—1252）临安知府赵与篡召集台州乡宦捐资筑塘，故元、明、清各代亦称之为宦塘河。现因其在大运河之西，故称西塘河。自东苕溪奉口陡门起，经上牵埠、宦塘、勾庄、金家渡，入拱墅区，又过祥符桥、北新桥，在小河直街处注入京杭大运河，河全长18千米，宽30—60米不等。

南宋淳熙十四年（1187）七月，宋孝宗批准浚奉口河至北新桥河道，其时河道较窄。淳祐七年（1247），因杭州大旱，运河干枯，西湖人可步行，城中诸井皆竭，“断流，米船不通”。府尹赵公奏开城外运河，引水救旱，募民开浚奉口河以引东苕溪之水，自府城北新桥至奉口。“一自北新桥至狗葬（今勾庄），开阔三丈，深四尺。一自狗葬至奉口，开阔一丈。”并以浚河之土沿河修筑塘路，“漕输既便顺，堤岸亦增辟，自是往来浙右者，

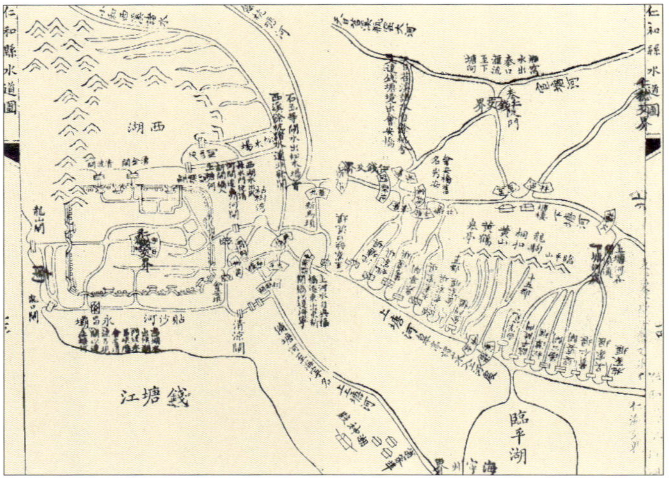

《仁和县水道图》上可见宦塘河（清王凤生《浙西水利备考》）

亦皆称其便焉”。赵公开凿的新运河，为运河开辟了东苕溪水源，成为江南运河进入杭州的又一通道。清雍正七年（1729），巡抚李卫经奉口，见河道淤浅，曾令拨银开浚。中华人民共和国成立后，两岸塘堤多次加高加固，险要地段砌石驳塴护岸。1958年，杭州自来水厂祥符分厂在宦塘建泵站取西塘河水。20世纪70年代，为阻污水流入，在古星桥下建土坝，隔断勾庄至城区水路，现已拆除。

西塘河曾北通苏、湖、常、秀、镇江，“凡诸路纲运及贩米客船”皆由此河直抵杭城，与城内运河沟通，为湖墅一带后来的繁华和杭州城市的发展奠定了物质基础。西塘河是一条保障杭州民生供给的水上要道，历史上既有助苕溪泄洪之功能，又给两岸良田起到灌溉作用，古时还是钱塘、仁和两县的界河，承载了厚重的历史文化，是一条城市记忆之河。西塘河北端的上纤埠老街，因船过奉口由此上纤而得名，20世纪上半叶曾商贸发达、人声鼎沸，来往的船民、商贩在此歇脚、饮茶、谈生意，将这个偏远的小村落演绎成活色生香、熙熙攘攘的集市。沿途跨河而建的古星桥、祥符桥、古和睦桥，均被列为文保单位或文保点。经治理，如今的西塘河风光旖旎，沿岸建成的公园成为市民休闲娱乐的好去处。

湘湖

筑出来的『九乡水仓』

湘湖烟雨长莼丝，菰米新炊滑上匙。
云散后，月斜时，潮落舟横醉不知。

〔南宋〕陆　游

湘湖　岳涛摄

湘湖全景 刘柏良摄

湘湖是萧山境内的一个人工湖泊，始筑于北宋，前身是西城湖。湘湖之名最早是西城湖湮废时遗留的一个小湖，后这个小湖也在湘湖范围内，因此沿用了湘湖名。湘湖是古代萧山治水的一大工程，记录了古代萧山人民兴修水利，发展农业的历程。

北宋时王安石变法，国家鼓励农田水利开发，政和二年（1112），萧山知县杨时开筑湘湖。根据毛奇龄《湘湖水利志》记载，当时“通计其田有三万七千零二亩，统以为湖”。当时湘湖秋时可灌溉由化、夏孝、安养、长兴、新义、来苏、崇化、昭名、许贤九乡农田，现其范围大致东至西小江，南、西至西江塘，北至北海塘，也就是现在的萧山城厢、新塘、蜀山、北干街道的北海塘以南部分，闻堰、临浦、义桥3镇与所前部分，及滨江区部分区域。当时，湘湖沿岸筑有石岩穴（石斗门）、黄家霪、童家湫、凤林穴、亭子头、杨岐穴、许贤霪、历山南、历山北、河墅堰等共18个霪穴以泄水灌田。湘湖的开筑，改变了萧山宋代以前由于地形、水文条件恶劣造成的洪水经常泛滥、旱灾频发的状况，促进了萧山农业和经济的发展。

在杨时离开萧山的四十多年后，以湘湖水灌溉的地区在水利灌溉问题上，乡与乡、村与村之间矛盾变得非常突出，经常发生诉讼、械斗。为了解决这个问题，南宋绍兴二十八年（1158），萧山县丞赵善济制定了《均水法》作为湘湖的灌溉

制度。但时间一长，老矛盾又重新产生，淳熙九年（1182），当时的县令顾冲对《均水法》进行了修订，制定了《湘湖均水利约束记》，从九乡所处的距离远近、地势高低出发，明确了各乡的用水权利，同时刻石立碑以示遵守。

南宋嘉定六年（1213），郭渊明任萧山知县，他加固了湘湖堤塘，疏浚了湖底，同时为湘湖管理定例，宣布"凡湖东西两沿以金线为界"，明确了山脚与湖体之间土色的界线。这样一来，湘湖灌溉秩序井然，灌水区域和谐。

自明代中期始，湘湖由盛转衰。主要原因有三个：第一是麻溪坝的修筑使得麻溪之水经茅山闸入浦阳江。第二是碛堰山开凿导致的浦阳江改道。麻溪坝的修筑和浦阳江改道，使当时安养、许贤两乡约80%的土地不再以湘湖水灌溉。第三是明嘉靖十六年（1537）知府汤绍恩所建的三江闸，使原依靠湘湖水灌溉的崇化、昭明、来苏3个乡和由化乡的6个村改用西小江水灌田，因此湘湖原来有关这些乡的霪穴也就先后被废。由于湘湖灌溉土地面积不断缩减，导致湘湖蓄水多余，加上闸口淤塞、堤桥任意建造、填湖置窑等问题日益叠加，湘湖逐渐出现颓势。

湘湖在北宋末年正式成湖之后，虽有"九乡水仓"之誉，但自成湖起，就不断有私占湖田、蚕食湖面之事发生，围绕着保湖、废湖、开垦、禁垦，一直纷争不断、冲突时起，从北宋至民国，800年间未尝中辍。直至民国，湘湖湖面不

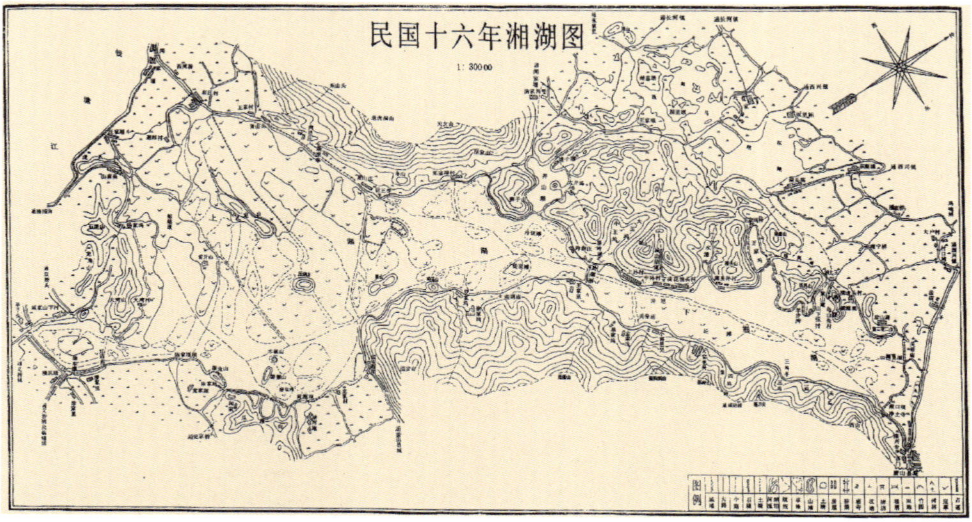

民国十六年湘湖图（民国《萧山县志稿》）

断缩小而至湮废。1966 年，湘湖面积仅存 3040 亩，到 20 世纪 80 年代，湘湖水面仅存 1460 亩，实际上就剩两条湘河。

从 20 世纪 90 年代初开始，湘湖建设规划进入议程。经于 2006、2011、2016 年完工的三期综合保护与开发工程，湘湖湖面扩大到 6.1 平方千米，基本上恢复了古湘湖的历史形态；“开而荡”的上湘湖得以成形，葫芦状的大湘湖重现人间，二岛二山尽在眼底。

湘湖是浙江文化发祥地之一，跨湖桥遗址出土了距今约 8000 年的独木舟。湘湖一带是唐代大诗人贺知章的故里，李白、陆游、文天祥、刘基等历代名人在此留有不朽诗文。现湘湖为国家 AAAA 级风景旅游区，景区已形成湘浦、湖上、城山、越楼、跨湖桥等五大景区，有湘堤卧波、湘浦观鱼、忆杨思贤、绿岛掬星、湖心云影、城山怀古、湖桥拾梦、越堤夕照、纤道古风、越楼品茗、跨湖问史等数十个景点。

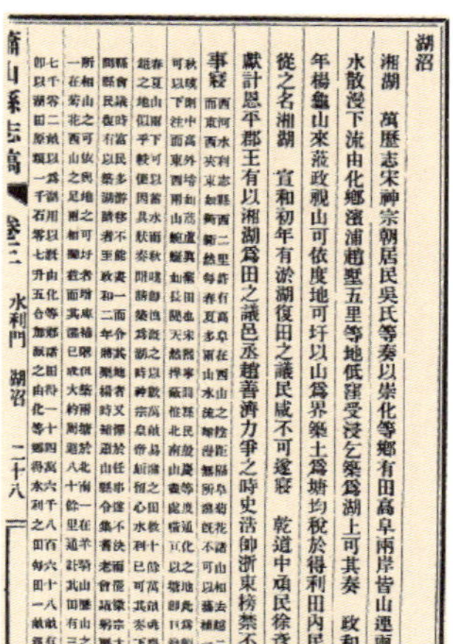
湖沼

湘湖　萬歷志宋神宗朝居民吳氏等奏以崇化等鄉有田高阜兩岸皆山逕雨則水散漫下流由化鄉瀼浦趙墅五里等地低窪受浸乞築爲湖上可其奏　政和二年楊龜山來蒞政視山可依度地可圩以山爲界築土爲塘均稅於得利田內民樂從之名湘湖　宣和初年有淤湖復田之議民咸不可遂寢　乾道中頑民徐彥明獻計恩平郡王有以湘湖爲田之議邑丞趙善濟力爭之時史浩帥浙東榜禁不許事寢

蕭山縣志稿　卷二　水利門　湖沼　二十八

湘湖（民国《萧山县志稿》）

白马湖

白驹之名成以西陵

一棹湘溪渡，几曲横塘路。
绿阴冉冉嫩红肥，住住住。
白马晴波，玉屏烟树，望中无数。

〔清〕陈至言

晨曦白马湖　艾琳摄

白马湖全景　高新区（滨江）综合行政执法局提供

白马湖位于滨江区长河街道，越王城山北麓，与湘湖仅一山之隔，俗称白茫湖、排马湖、西城湖。据《嘉泰会稽志》引《会稽地志》记载，汉周举乘白马游而不出，时人以为地仙，白马湖之名由此而来。白马湖早在新石器时代就有人类活动，这里曾是江海相连的前海湾，由于山洪冲击，海湾渐被泥沙堵塞，成为潟湖。

历史上，白马湖因其扼吴越地理要冲，为历代兵家必争之地。相传，春秋末期吴王夫差在此排马布阵，攻打困守于傅家峙的越王勾践。南朝梁时，白马湖叫“西陵湖”，郦道元《水经注》载：“有西陵湖，亦谓之西城湖。”清人毛奇龄《萧山县志勘误》诠释道：“（此）即白马湖，以地近西陵，则名西陵湖；以其在城山之西，则名西城湖。”

南宋时，白马湖差点废湖为田。清康熙《萧山县志》记载，绍兴年间（1131—1162），沈综以白马湖中地3000余亩予宁寿观充长生田，朝廷下

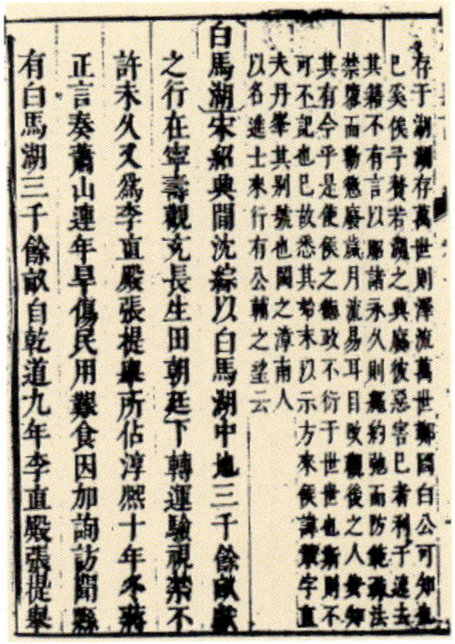
白馬湖宋紹興間沈綜以白馬湖中地三千餘畝獻
之行在寧壽觀充長生田朝廷下轉運驗視禁不
許未久又爲李直殿張提舉所佔淳熙十年本縣
正言奏蕭山連年旱傷民用艱食因加詢訪聞縣
有白馬湖三千餘畝自乾道九年李直殿張提舉

白马湖（清康熙《萧山县志》）

转运验视，禁不许。淳熙十年（1183），朝廷发现湖已为田，不能蓄水，委派本路提举开掘复为湖。白马湖为当时萧山最大的湖泊，县令顾冲《萧山水利事迹》载，白马湖水域面积达3000余亩。白马湖湖面开阔，气象开朗，其水系与湘湖、浙东运河沟通，既有灌溉之利，也有行舟之便。后经淤积和围垦，面积逐渐减小。

“春水满湖芦苇青，鲤鱼吹浪水风腥。舟行未见初更月，一点渔灯落远汀。”芦荡、湖风、桨声、渔火，元代诗人萨都剌的《夜过白马湖》诗，写出了白马湖月夜的空灵清光。事实上，许多卜居流寓白马湖的文人墨客，都有这样的弦歌之声。阅读吴云的《西兴古今诗词集》，直接或间接描写白马湖的诗篇不少于10首。

沧海桑田，日新月异。白马湖现湖域面积约1800亩，以马湖桥为界分为东西两湖，湖中形状各异的小岛计12个，小的几亩，大的达数十亩、百余亩。白马湖水系发达，“百曲千万到马湖，马湖桥外水汪洋”，是滨江的备用水源。如今，白马湖已成为四季鲜明、富有体验乐趣，集文脉延续、生态展示、休闲体验、创意交流等功能于一体的生态文化公园，2020年获批为国家AAA级旅游景区。近年来，“一城、一平台、两中心、两区、三村”等产业项目落地白马湖。中国动漫城落户白马湖畔，并成为中国国际动漫节永久性举办地。

余杭南、北湖

两口“大水缸”挑起东苕溪蓄滞洪大任

梅霖初歇水平湖，湖上青山展画图。
更著楼台相掩映，风流端不减西湖。

〔宋〕龚大明

南湖　伍宗保摄

北湖湿地 康健摄

“沉壁几同瓠子宫，云屯畚锸起湖中。”蓄水滞洪之法，古已有之。东苕溪上游临安境内，山高流急，河水暴涨暴落，而下游余杭、德清河段地势平缓，极易形成洪灾。为防洪减灾，除修建西险大塘外，自汉唐创置余杭南、北湖蓄滞洪工程，历代经营，留下了不朽的治水诗篇。

南湖滞洪区，因位于老余杭县府的西南部而得名。清潘瑗《南湖水利论》云：“后汉熹平二年，县令陈公浑分杀苕溪之水，保障三郡，因辟南湖。中筑界塘，西为南上湖，周围三十二里。东为南下湖，周围三十四里。俾溪水得有留蓄，而势稍减，入龙舌嘴，出石门桥，以潴于湖。”熹平二年，即公元 173 年。

南湖开辟迄今已近 2000 年，其间历经变迁。初开辟时的南湖，总面积有 1.37 万亩。后来，因为历代占湖垦田，面积不断缩小。截至目前，南上湖早已不存，南下湖几经疏浚，得以保留，在承担滞洪功能的同时，成为风景优美的度假胜地。其间，历代余杭县令，皆重视南湖治理，不敢有所疏忽。特别是陈浑、归珧、杨时三人，有“创于汉之陈浑，复于唐之归珧，守于宋之杨时”之说。明代在南湖东南面曾建有一座三贤祠，以颂三人之功。

南湖滞洪区主要附属水利设施包括南湖石门涵、燕子窝涵洞遗址和南湖老滚坝等。石门涵位于余杭街道石门桥，是汉代开辟南湖时蓄泄南苕溪洪水

余杭北湖　伍宗保摄

的进水处，因其以石条筑门进水得名，现已重建成钢筋混凝土结构的南湖分洪闸；燕子窝涵洞遗址位于南湖东围堤，是引湖水泄灌木竹河、南渠河的水利设施，东汉年间陈浑所建，现已封堵；五亩塍滚坝位于南湖东围堤之东南角，是南湖的泄洪设施，1953 年，已将原滚坝用土加高为堤塘，在其西侧新建南湖泄水闸取代其功能。

北湖同为东苕溪两大滞洪区之一，界于东、中、北苕溪汇流之三角地带，据《咸淳临安志》记载："北湖塘，高一丈，广二丈五尺，源出诸山……以其在县北，故名北湖。"

北湖滞洪区开辟至今的 1000 多年间，同样

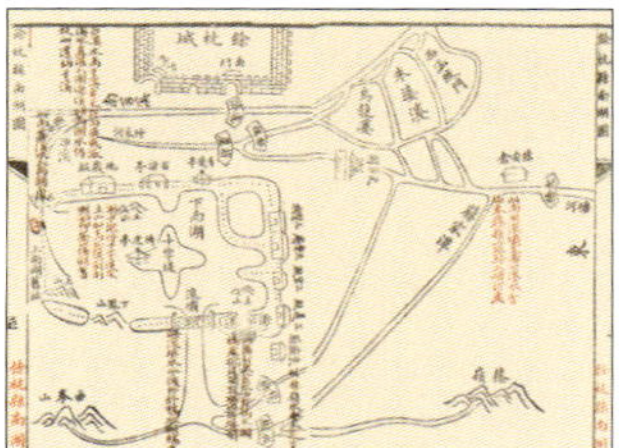

清代余杭县南湖图(清王凤生《浙西水利备考》附图)

历经变迁。初建时的北湖面积，据丁小帆《北湖图注》上的湖界推算，有 4.8 万余亩。宋元以后，未加清理，“淤积情形较甚南湖”。至 1949 年，北湖草荡尚存 8000 亩。之后，经多次湖区围垦整治、湖堤加固加高、分洪闸重建改建，现有设计滞洪库容 2050 万立方米，主要附属水利设施有北湖分洪闸、庄村分洪闸等。

在瓶窑镇南山村文化礼堂，还有一块“余杭县北湖界址第一段地形略图碑”，系民国十三年（1924）由清理余杭北湖界址委员会立的一块北湖界碑，保存完整、字迹清晰，且图文并茂，是余杭区目前已知唯一一块地形图碑。

建于 1953 年的南湖分洪工程　余杭区东苕溪水利工程运管中心提供

临平湖

曾经的浙江第一名湖

绿蒲浅水清回环，浪头雨急声珊珊。
画桡惊起远近雁，宿霭欲乱高低山。
败蓬半漏野更好，短缆数断迟转闲。
溪翁此日乘浩渺，搔首坐啃烟云间。

〔宋〕沈　括

临平湖　钟伟良摄

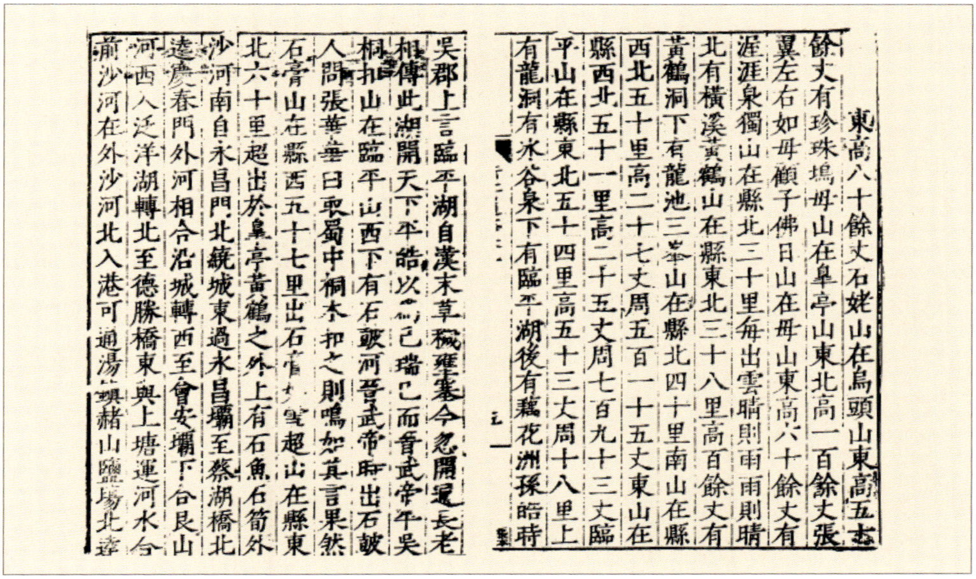
東高八十餘丈石姥山在烏頭山東高五丈
餘丈有珍珠塢毋山在臯亭山東北高一百餘丈張
翼左右如毋顧子佛日山在毋山東高六十餘丈有
涯涯泉獨山在縣北三十里每出雲晴則雨雨則晴
北有横溪黄鶴山在縣東北三十八里高百餘丈有
黄鶴洞下有龍池三峯山在縣北四十里南山在縣
西北五十里高二十七丈周五百一十五丈東山在
縣西北五十一里高二十五丈周七百九十三丈臨
平山在縣東北五十四里高五十三丈周十八里上
有龍洞有冰谷泉下有臨平湖後有藕花洲孫皓時
吴郡上言臨平湖自漢末草穢壅塞今忽開通長老
相傳此湖開天下平皓以為己瑞已而晉武帝平吴
桐扣山在臨平山西下有石鼓河晉武帝時出石鼓
人問張華華曰取蜀中桐木扣之則鳴如其言果然
石膏山在縣西五十七里出石膏如雪超山在縣東
北六十里超出於臯亭黄鶴之外上有石魚石筍外
沙河南自永昌門北繞城東過永昌壩至蔡湖橋北
達慶春門外河相合沿城轉西至會安壩下合艮山
河西入泛洋湖轉北至德勝橋東與上塘運河水合
前沙河在外沙河北入港可通湯鎮赭山鹽場北達

临平湖（清康熙《杭州府志》）

临平湖，又称东湖，位于临平区临平山东南。三国吴赤乌十二年（249）因湖中得宝鼎，又名鼎湖。因湖中遍植莲荷，又得“藕花洲”美名，《淳祐临安志》记载：“又有藕花洲，即鼎湖也。”

临平湖曾是浙江名湖，《三国志》记载：“临平湖自汉末草秽壅塞，今更开通，长老相传：此湖塞，天下乱；此湖开，天下平。”《隋书·地理志》里，写到钱唐县的湖泊，只列举了一个临平湖，唐代的《通典》《元和郡县志》记载杭州的名湖，也只有临平湖。

古时临平湖与东江（古代太湖尾闾之一）相连，“波流浩大，每见漂荡”。汉时形成海迹湖，是一个优美的水乡泽国。至唐时，沙涨，离钱塘江渐远，湖水平定。除了农田灌溉，临平湖也是古运河的主要补充水源。白居易《钱塘湖石记》载：“脱或不足，即更决临平湖，添注官

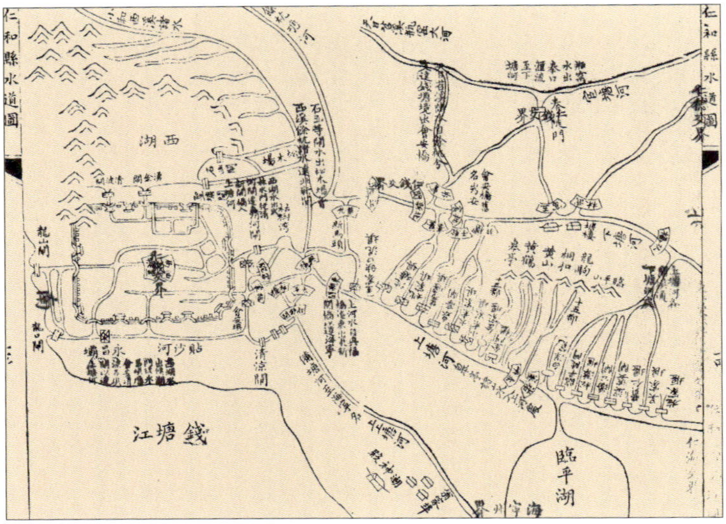

《仁和县水道图》上可见临平湖（清王凤生《浙西水利备考》）

河，又有余矣。”宋元丰年间（1078—1085）和绍定年间（1228—1233），先后在湖边筑起白龙潭堤和永和堤。元末明初，临平湖逐渐干涸。明崇祯十七年（1644），疏浚临平湖，因淤泥难治，采用苏轼浚西湖之法，取土筑堤，兴复四闸及东江桥故道。同治六年（1867）十一月，巡抚马新贻下令疏浚临平湖，自临平赤岸至海宁长安，开河7700余丈。清末至民国期间，临平湖逐渐围垦、挖塘养鱼、植桑种柳，临平湖渐趋堙废。现遗存临东路和运河二通道之间的池塘洼地，为古临平湖的主要湖区。

临平湖已没有当年的烟波浩渺，但当其盛时，湖水直追临平山，湖光山色，美不胜收。文人雅士舟泊东湖，吟风唱月。如唐代诗人顾况的《临平湖》：“采藕平湖上，藕泥封藕节。船影入荷香，莫冲莲柄折。”权德舆、张祜、沈括、杨万里等也都有诗篇。道潜和尚的“五月临平山下路，藕花无数满汀洲”，更使临平湖名声大振。这些诗句，都像是一条条丝线，牵引我们怀想临平湖曾经的美好。

铜鉴湖

西湖『姊妹湖』

湖藏山腹，境绝幽邃，烟鸥雪鹭，伊轧咳呷，飞浴于蘋花荻笋之间，终日不绝。茶歌樵唱，激响晴波，红树青林，一川如画。

〔清〕张 道

铜鉴湖 刘柏良摄

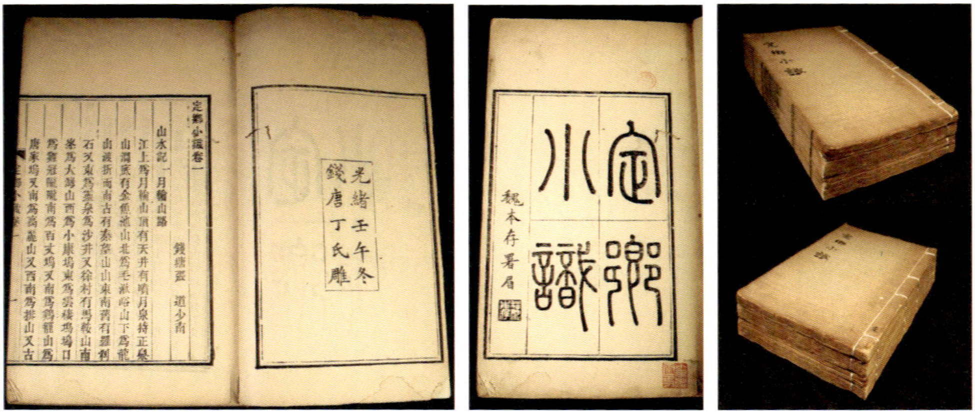

《定乡小识》（〔清〕张道）

铜鉴湖，位于西湖区双浦镇灵山风情小镇，以其水明澈，清如铜镜而得名。汉时称明圣湖（一说明圣湖是西湖），宋更名为石湖，明清改为铜鉴湖，民间还称其为金牛湖。《水经注》载：“县南江侧有明圣湖。父老传言：湖有金牛，古见之，神化不测，湖取名焉。”《梦粱录》《说杭州》里也有相似记载。

历史上的铜鉴湖与西湖一样，由钱塘江冲击而成，原是钱塘江的一个港汊，三面环山，口窄内宽。汉以前形成湖泊，湖面有数平方千米。南朝宋钱塘知县刘道真撰写的地方志《钱唐记》中，就出现了“明圣湖在县南”的记载。历史上的铜鉴湖是与西湖比肩的姊妹湖。清代《定乡小识》云：“湖周回约三四里，水灌淳桥阪田，旱涸无忧，至今赖之。湖水清澈，产鱼极肥，菱芡之利，不可筹计。”钟毓龙在《说杭州》里介绍：“南北山脚插入湖中，惟西岸当两山谽谺，为湖口。居民筑堤，自南迄北，以闸湖水。”由于铜鉴湖风光旖旎，古时铜鉴湖畔又是杭州城通往富阳的必经之地，白居易、苏东坡、范仲淹、杨万里、朱熹等都曾驻足于此。杨万里游湖埠里，宿于铜鉴湖之畔，作《晨炊泊杨村》：“沙步未多远，里名还异原。对江穿野店，各路入深村。秋水乘新汲，春芽煮不浑。舟中争上岸，竹里有清樽。”

铜鉴湖是杭州历史上著名的莼菜产地。民国《萧山县志稿》载：“杭州盛行莼菜，实则西湖所产无多，皆由萧山贩往。”近代《中国特产志》也说：“西湖莼菜，以湘湖、上泗为正宗。”上泗莼菜就产于铜鉴湖。白居易曾与铜鉴湖边恩德寺高僧慧日禅师交好，移官于北国后，尚思铜鉴湖之莼鲈，“犹有鲈鱼莼菜兴，

铜鉴湖　刘柏良摄

来春或拟往江东”，以志念想。

元明之后，铜鉴湖一带渐失往日繁盛景象，后来由于钱塘江泥沙淤塞、围湖造田，湖面渐渐成为陆地。20 世纪六七十年代以来，铜鉴湖一带已经是“旱季取不到水，雨季排不出水”。至 2017 年初，铜鉴湖的湖面面积仅余 120 亩左右，不足鼎盛时期的二十分之一。

2019 年，铜鉴湖防洪排涝调蓄工程正式开工，由铜鉴湖调蓄区及周边水闸、铜鉴湖隧洞、配水泵站等构成。现今，铜鉴湖湖面面积达 1.35 平方千米，恢复了昔日波光粼粼、碧波荡漾的旖旎景象，成为山清水秀、水绕山转的乡野滨水公园。清代张道《定乡小识》描述的铜鉴湖美景，“湖藏山腹，境绝幽邃……红树青林，一川如画”，正在一幕幕呈现。

寿昌西湖

近水一泓　泽田千顷

西湖堤上小桥亭，入夜风光分外清。
明月满川人正静，谁家一曲洞箫声。

〔明〕彭　鼎

寿昌西湖夜景　张霞萍摄

“天下西湖三十六，寿昌西湖占其一”，寿昌古镇因西湖而享有美誉。寿昌西湖位于建德市寿昌镇西湖社区，绕湖一周约 1100 米，面积约 5500 平方米。

据记载，唐景福二年（893），寿昌县令戴筠开辟西湖，集新亭畈之水于湖中，筑暗沟五百丈贯穿街市，引湖水出东门，城东千余亩农田得以灌溉。另建桥横跨西湖，称西湖桥（又称会通桥），方便行人。寿昌西湖虽几度疏浚，但至清末已淤塞不堪，乡绅叶诰书不胜感慨：“西湖垂钓少渔翁，傍晚斜阳映水红。何日筹资疏浚后，沙淤石积一时空。”民国二十三年（1934），寿昌遭遇大旱，县长李徐发动民众以工代赈，疏浚西湖，用以蓄水灌溉农田。湖中建六角亭，名冰心亭，并亲题楹联：“近水一泓开镜奁；平畴千顷喜桑麻。”后西湖逐渐淤塞。

中华人民共和国成立后，数次疏浚西湖。近年来，寿昌镇借小城镇环境综合整治的契机，对西湖开展了一次彻底整治，全线疏通改造西湖水系，西湖水街沿线被打造成富含地域文化特征的寿昌风景，人们记忆中的“西湖晚钓”“石桥夜月”等“寿昌八景”得以重现。

如今，湖畔石堤坚固，湖沿垂柳依依，湖中荷叶田田，亭台楼榭，古意盎然。寿昌西湖不仅恢复旧观，而且添新景象，成为集旅游、休闲于一体的特色水街。

西湖水街，缓缓流淌过山川风月，守护着一方水土，静静诉说着悠长的岁月。这，大概就是江南的味道。

梅城东、西湖

玉带缠腰 明眸顾盼

潋滟清辉吞半郭，萦纡别派入遥村。
砂泉绕石通山脉，岸木黏萍是浪痕。

〔唐〕方 干

梅城东湖 建德市水利局提供

梅城西湖　王心良摄

梅城，城南新安江自西而来，兰江由南切入，在城东南汇合再折向东北，素有“三江聚会古严州，一注清流奔杭城”之称。城内有东、西两湖点缀，若龙之双目，汇集灵气，尽显水之秀美。由东向西，玉带河波光粼粼，东湖与西湖是两颗熠熠生辉的明珠。

梅城西湖，曾名来贤湖，位于梅城镇西湖村，大致呈方形，现有水面面积约 85 亩。唐咸通十年（869），睦州刺史候温开筑此湖，因在州治之西，故名。南宋景定二年（1261）洪水决堤，严州知州钱可则复堤，并使之与东湖相通。明嘉靖四十二年（1563）至清同治六年（1867）期间先后八次疏浚西湖，垒石修坝。民国八年（1919），县知事张良楷对西湖进行疏通，并加固加宽西堤，沿湖种植桂树，并留有《重复西湖碑记》等碑记。2019 年，西湖进行整体改造。

西湖历来为严州府城风景名胜之地，游人如织，历代名人多有吟咏。北宋名臣范仲淹之子范纯仁有《西湖四时》诗：“万顷琉璃蹙翠鳞，日迟风暖物华新。千花百草游人路，应谓壶中别有春。”明代《三社记》中有描写西湖“天文如绣，湖光如绉，碧波横翠，紫荇拖青”的唱词。清代李渔把严州西湖与杭州西湖相比，认为杭州西湖雍容华贵，严州西湖“露倩冶于浑朴”，二者各具天姿风韵。今日之西湖，堤道绿树婆娑，庭院古色古香，成为市民健身休闲的好场所。

梅城东湖，位于梅城镇东湖社区，北靠总府路，东与南为东门街，湖面东

玉带河　杨萧摄

西向呈长条形，现有水面面积 90 亩。东湖古为建德城东面地势较低的洼地，承乌龙山来水东流入江，前人在其东侧修筑堤坝以挡新安江水，于是蓄水成湖，故名。明万历《严州府志》载："明嘉靖四十年，知府韩叔阳因旱涝不常，筑堤捍之，遂成巨浸。"万历四十一年（1613），严州知府吕昌期、华敦复相继开浚，在湖东筑坝蓄水。清康熙十一年（1672）至 1919 年曾八度重修。2019 年，结合梅城环境整治，东湖开展综合治理，建东湖公园，重现"东湖幽僻绝尘寰，尽借江南万叠山"美景。

南沟，现称玉带河，位于梅城镇严陵社区总府街以南，大致呈东西向，长 866 米，与东西湖串联贯通。宋《淳熙严州图经》载："自百顺门外池流入南沟。"明万历十六年（1588），"同知危以平开通沟渠，筑砌街道"，这是砌筑玉带河驳岸最早的记载。万历二十四年（1596），知县刘洪谟续加开浚。清代屡有浚治，何士锦《重筑东西湖坝序》载："东西湖回环左右，筑堤引水逆流而西，宋地师吴景鸾所谓'玉带水'。"民国八年（1919），知事张良楷疏浚南沟，增筑横街，环以石栏。后河道淤塞，逐渐被覆盖。

2020 年，玉带河恢复了古河道，清澈的新安江水涌入河道，承载千年历史、沉睡半个世纪之久的玉带河再次全线贯通。"有家皆掩映，无处不潺湲"，走在玉带河畔，杜牧笔下的古严州气息扑面而来。

半亩方塘

为有源头活水来

半亩方塘一鉴开，天光云影共徘徊。
问渠那得清如许，为有源头活水来。

〔宋〕朱　熹

半亩方塘　谢航锐摄

半亩方塘《瀛山书院记》碑刻　淳安县千岛湖生态综合保护局（县水利水电局）提供

南宋乾道七年（1171），朱熹受赋闲在家的詹仪之邀请，与几位理学大家一同前往双桂书堂（瀛山书院前身）讲学论道。在詹家后花园马凹里半亩方塘边的方塘亭内，朱熹与詹仪之研究“格物致知”之学。闲暇间，看天空云起云落，从源头村潺潺而来的泉水，不断地注入方塘内，触景生情，临流而赋，便将一首《题方塘》（又名《观书有感》）诗留在了亭内。半亩方塘因此而名声大振。

半亩方塘开凿于北宋熙宁年间（1068—1077），淳安人詹安筑双桂书堂时所建。南宋淳熙二年（1175），詹安曾孙詹骙居殿试第一（状元），遂以“益瀛”之意，易双桂堂为瀛山书院。

半亩方塘为书院之泮池，池侧以砌石为驳岸，池呈正方形。明万历三十年（1602），《瀛山志略》对方塘描述为：“方塘，在瀛山下，地僻静可以涤俗，即朱子题诗处也。”现在的方塘虽几经疏浚修砌，但边沿的位置一直遵循原迹，实际边长是18米×18.2米，面积327.6平方米，因面积近半亩，故有“半亩方塘”之称。当时，詹仪之为了表达谢意，写了一联“紫阳学问当千古；白鹿规模又一天”，送与朱熹。

诗中的“半亩方塘”便位于淳安县姜家镇郭村瀛山脚下。半亩方塘、得源亭（明时由“方塘亭”易名“得清亭”，清时又易名“得源亭”），如今已修缮如故，从源头自然村涓涓而来的清泉，依旧清澈而长流不息，朱熹《题方塘》诗碑较好地保存于得源亭内。

离半亩方塘不远处有一山涧，方塘由此涧引水，这条山涧源自几千米外叫作“源头”的小山村。据志书记载，瀛山书院曾经颇具规模，明隆庆年间（1567—1572）修复以来，一直办学到中华人民共和国成立初期，随后逐年荒废。2019年，淳安县政府在遗址上重新修复了瀛山书院，半亩方塘遗址也得到了修砌保护。

现半亩方塘遗址整体保存良好，与瀛山书院一并为县级文物保护单位。

新叶古村古塘群

璀璨遗珠 散落江南

新叶村位于建德西南大慈岩镇，其始祖叶坤在宋嘉定年间（1208—1224）随南迁的宋朝皇室从中原迁移到此。古村按“九九归一”、天人合一的哲学观进行设计布局，把村里的巷子、房子纵横交错地连成一个群体。

越过溪流，绕过山坡，进入新叶村地界。新

新叶古村南塘 杨泉华摄

新叶古村南塘　杨泉华摄

叶古村的村左是祖山玉华山，右边是道峰山，村子位于两山之间峡谷的东南口上。两山的溪水通过引水渠道流进新叶村，供应全村人的生活用水，排泄山洪、雨水和污水，与外溪一起灌溉村东南的万亩水田，是新叶村最重要的供水和排水工程。村内还有南塘、半月塘、礼塘等大小池塘10个，由水圳串联并呈网状布局，展开了一幅中国传统村落中建筑、人、水三者和谐布局的图景。

南塘，始建于元代，呈半卵圆形，弦长66米，矢高50米。新叶村围绕着南塘东、南、西三方发展，水塘北侧是宽阔的明堂，不建房子，正对一座圆锥形的道峰山。有序堂前后两座山，山映塘中。南塘是端砚，玉华山是墨，道峰山又称卓笔峰，田野是纸张，叫作“文笔蘸墨”。双峰在水中会聚，与塘、村组合成一幅和谐图，整个组合充分体现了新叶村先人“尚读”的追求。

半月塘位于崇仁堂前，始建于明代，呈半月形，弦长21米，边长16米，面积大约为145平方米。崇仁堂里面设有戏台，年节演戏时，半月塘是村民很好的娱乐空间。在半月塘水面临时搭台，构件都是可以拆卸组装的，平日保存

在祠堂内，村民称这种戏台为“雨台”。半月塘可以供日常洗涤，还可以防火灾，同时具有排放村中积水的作用。

礼塘位于郡马府东侧，始建于明代，呈半月形，长为 10 米，弦长 33 米，面积不足 1 亩。古时，族中人家办丧事，要抬棺绕礼塘行至对岸，孝子面对礼塘的水跪拜，这时，礼塘水寓意忠孝的传承。现在，礼塘边空地是人们的商业空间，肉摊、菜摊、药铺、杂货店等都设置在这里。妇女洗菜、洗衣，儿童玩水，男子劳动之后冲凉，也在礼塘边。

石塘，也叫子母塘，位于新叶村南边，始建于明代，中间一条人行堤把它分隔为二，长 53 米，宽 35 米，原面积超过 4000 平方米，现面积约为 1937 平方米。石塘布局十分考究，其位置、形状、深度、与建筑结合形式、自净化效果等，都蕴含了古人的智慧。石塘位于村落建筑密集的位置，且临近祠堂，粉墙青瓦闪烁明亮，古老建筑倒影在水中，又有村民赶着水牛劳作而归，的确是一幅优美清雅的风俗画。

池堂塘位于抟云塔前，始建于明代，呈半月形，长 46 米，宽 10 米，弦长 53 米，面积为 1 亩左右。池堂塘与抟云塔合在一起，象征着玉华叶氏的文运。叶姓祖先在抟云塔前设池堂塘，意为子孙后代能专心读书，从而入泮取士。

四方塘位于荣寿堂前，始建于明代，呈矩形，长为 33 米，宽为 15 米，面积为 495 平方米。在荣寿堂前设四方塘，原因有三：一是出于堪舆方面的考虑；二是由于荣寿堂出过进士，四方塘在堂前，意在勉励叶姓后代进取；三是前塘水为财源的象征，四方塘有水兴财盛的寓意。

可草塘位于崇仁堂东侧，始建于明代，呈半月圆形，边长 21 米，弦长 30 米，面积为 2 亩左右。据族谱记载,每逢村中为六十岁以上老人祝寿，都要在可草塘内放荷花灯。荷花灯在轻风的吹拂下自由地浮动，灯火闪闪烁烁，将色彩艳丽的蜡纸映得鲜亮，在水面上留下朦胧的幻影，象征着身体健康，生命长寿。

二斗塘始建于清代，呈梯形，高为 48 米，下底长为 18 米，上底长为 6 米，面积为 576 平方米。随着人口增加，新叶村曾经出现用水紧张状况，于是村民在村中开挖二斗塘，通过二斗塘连通村中其他池塘，为新叶村生活生产用水提供了更多保障。

下智塘始建于清代，呈半月形，弦长为 19 米，边长为 11 米，面积大约为 108 平方米。据族谱记载，叶氏祖先在村子里整修水利，从玉华山引来双溪水连接下智塘，供应全村人口的生活用水，基本解决了人畜用水和农田灌溉所需。村中的小渠把收集到的雨水和污水先排入下智塘，塘满了

新叶古村下智塘　杨泉华摄

之后再排向内溪和外溪，灌溉村子的水田。

上西塘始建于清代，呈半月形，弦长为 69 米，边长为 44 米，面积大约 1300 平方米。上西塘位置根据天干地支的位置划定范围修建而成，湖面与祠堂面前空地形成了公共开放空间，池塘为旁边的农田灌溉发挥着重要作用。

游过清凉新安江，飞过美丽大慈岩，亮一颗历史遗珠，展一处现代桃源……青山清流，古祠古塔，古民居古池塘，一切都显得那么自然和谐，厚重的历史在这里又焕发出勃勃生机。

碧水萦回

龙门古镇水系

润泽孙氏故里千年之美

龙门古镇地处富春江龙门山下，离富阳城区约 16 千米。古镇四面皆山，大山头盘踞于西隅，龙门山崛起于东南，剡溪与龙门溪交汇于镇北。“此处山清水秀，胜似吕梁龙门”，东汉严子陵畅游龙门山时赞叹不已，古镇也因此得名。

北宋太平兴国五年（980），孙权二十七世孙

龙门溪　孙熙辰摄

龙门砚池　宋林君摄

孙忠由东梓关首迁此地，孙氏一族不断繁衍壮大，至今已传 38 代 1000 多年。龙门水系相当发达，水利设施比较完备。据《龙门孙氏宗谱》记载，从选址开始，龙门在历史上曾多次对水系进行改造修缮。

龙门虽然坐拥剡溪和龙门溪，但两条溪皆绕镇而过。后来，孙氏宗族举全族之力，在镇中挖开了一条弯曲如飘带状的河床，将龙门溪纳入镇中。改道后，龙门溪北流穿镇而过，与西去的剡溪在镇北交汇。龙门古镇形成了独特的古镇水系，龙门溪、砚池、明渠暗沟，丰沛的水资源汩汩流经古镇，润了孙权故里的景，艳了古镇人文的美。

龙门溪溪水主要来自龙门山，注入剡溪，并最终汇至富春江。关于龙门溪最早的记载源自明末崇祯十七年（1644），由儒生孙孟骞带领全族开挖河道，利用地势的落差在龙门溪两岸修建了几千米长的堤坝，全部以块石、鹅卵石垒砌而成，高度从 2 米到 3 米不等，让溪流沿着“S”形的河道，穿镇而过，将古镇一分为二。龙门溪虽只有 6 千米之长，但科学的设计使得雨季时龙门溪河道能起到减缓水流、保护堤岸的功效，枯水期起到蓄水的作用，而且能够调节温度，可谓一举多得。

古镇内挖了一口大池塘，宛若一方大砚台的池水，故名为砚池，名字也寓意读书乃是家族的最大希冀所在，勉励子孙勤耕苦读。砚池也成为当地的一个

龙门溪　孙熙辰摄

龙门溪龙门堰　孙熙辰摄

重要景观——砚池夜月。一泓清水，轻风拂动，泛起层层涟漪，水草、鸟禽点缀其间，更富灵性。月上枝头，倒映出的依然是那轮千年前的明月，空灵、清幽。

龙门古镇里还有许多明沟暗渠，先人利用地势的坡度，将水引进镇子，水流由南向北渐次而行，形成了脉络状，流经家家户户的门前。水盘活了整个镇，形成了傍水人家的景观——水流顺着门前石阶潺湲而下，家家门前观流水，户户屋下清泉流，水让古镇显得生机勃勃。居民开门见水，一道道的埠头延伸到溪里，洗涤、取水非常方便。桥梁相连，碇埠相接，堰坝重重，构成“小桥流水人家”的水乡风情。

江南镇古村落水系

古村落治水管水用水的典范

衍庆耆祥怀素恭思，堂幽室静，人文蔚起；
瀛口八亩班洛街廊，澳深水澈，地脉宏开。

深澳古村村口牌坊楹联

深澳古村水系　周俊摄

深澳村口大塘　周俊摄

深澳古村村口牌坊上的楹联，短短数语已可窥见古村落源远流长的文脉与“澳”之间紧密相连的关系。从大禹开九州始，在大规模的治水工程中，产生了许多的“隩”（通“澳”），并有了“九州攸同，四隩既宅”的说法，这些“澳”就成了人们的定居点。《诗经·卫风》中“瞻彼淇澳，绿竹猗猗”亦是比兴了古时随“澳”而宅的世外桃源。“澳”也成了人们可以依靠的、安居乐业的福地。随着宋时先民南迁定居桐庐江南，也将“澳”这种水利工程形态带了过来，“澳”也成为在古村落的规划营建中最关键的节点，形成了以深澳、石阜、石泉等古村落的水系为主体的江南镇古村落水系群。

江南镇古村落水系群中以深澳水系最为知名，被誉为中国古代“先规划后建设”的典范。水系始建于南宋时期，明代扩建村落的同时就对村内水系进行了规划布局，形成了“两溪、一澳、三渠”的格局。“两溪”为村左右两侧的应家溪和后溪，“一澳”为深澳老街上长600余米的暗渠深澳，“三渠”即地表的明渠、地表下和房屋下的排水渠道、连接坎式水井的地下互通暗渠。明代至清代，这一水系一直在发展和使用，其主要的水井、暗渠、深澳均在清代以前就已形成。地面的明渠由于村落的扩大、房屋道路改建等原因都有改造和变化。全村目前还保留敞口的坎式井20余口。深澳水系不仅体现了古人分层次的用水意识，如吃、

石泉水系小型挡水堰　周俊摄

用、排分开，也体现了一种用水安全和环境保护的人文精神。深澳作为中国历史文化名村，其独特的水系资源为古村落旅游发展起到了关键的促进作用。

石阜水系位于石阜村内，构建于南宋，村落连同水系产生发展并沿用到今。水系源自大源溪，自南向北一直从大源溪流经珠山村，再经过田畈几个井潭，如双井、九房井、新井等，从地下引入到石阜村村南。另外一支从大源溪经地下引水到该村西南几个井潭，有大龙斗、小龙斗等井。水系以明暗渠交替形式穿村而过，流量大且水质极好，明渠边多有水埠供村民使用，渠中还可见小鱼小蟹。整条水系长1000余米，宽0.6—1.9米不等，渠深0.5—1米不等。水系历时千年，是对古代城镇水利系统规划建设研究不可多得的实物佐证。石阜村历史悠久，村中古民居古建筑众多，井、滩、澳分布广泛，目前全村经过乡村旅游改造修缮，村中巷道都经鹅卵石等工艺进行铺装，与村落水系遗产相得益彰，呈现出深厚的水文化底蕴。

石泉水系位于石泉村，地处百步山的东麓，卧于两山所夹狭长的谷地，村落依山而建，石泉村北侧为江南平原，其他三侧为丘陵山地合围，目前村中水系水源主要为南侧和东侧山塘。石泉吴氏于明代从本县荇塘坞迁于此建村并开始营建规划水利系统，村边山脚下原有溪流过，族人为合理利用水源，将溪引入村内并分为两支，房屋建于水系两侧，人们在水系上建水埠，便于生活、生产用水。目前，水系渠道上可见块石叠砌形制，但是表面多有混凝土覆盖加固，部分明渠因修建房屋已经成为屋下暗渠。水系全长约1200米，宽2.2—3.4米，深1.2—1.8米，水质清澈，至今仍在使用。

江南镇古村落水系群伴随着古村的发展而不断拓展扩大，兴水利保一方百姓乐耕安居、丰衣足食。水系群建设上既有工程领域的创新手段，管理上又有社会治理的人文关怀，凸显了治水、管水、用水的系统思维和追求水与自然、水与环境、水与人类和谐相处的文化理念。时至今日，江南镇古村落水系作为“古村落治水、管水、用水的典范”，依旧对于研究工程营造技艺、村落规划治理等都有很高的历史价值。

翙岗村落水系

源远根深　凤翙高岗

村南黄杨尖三峰插天，犹如护卫列戟于后，东面大源、小源两水萦回，呈龙盘凤翥之天子气象。

〔明〕刘　基

排门堂澳　桐庐县凤川街道办事处提供

上门古澳　桐庐县林业水利局提供

翙岗村落水系，位于桐庐县凤川街道翙岗村。相传，元末刘基到翙岗访友，适值天旱，助朋友筹划兴修水系，并题匾“凤翙高岗”。在20世纪70年代修缮时，村民在水系暗渠一块大石上发现“至正”石刻，为元惠宗孛儿只斤·妥懽帖睦尔的年号，可参考为始建年代。

翙岗村落水系自大源溪竹筒坞口取水，取水口位于大源溪南岸溪床下，筑地下暗渠300余米至狮虎山乌石坨露头，向西300余米，明渠分为两股，一股进入村中，一股引向田野。进村渠水以暗渠入村，沿村中老街西行经李家、方家、张家和凤岗自然村进入石桥头村，全长600余米，整条暗渠沿街设有12处敞口取水澳水渠供村民用水，因水取自溪流地下，故水量大而清澈，目前仍在使用。翙岗村东头李康石像旁有一口4米多深的竖井可达地下暗渠，村西谷井可见距地表5米多的地下水渠出口，整条水系宽约2米，长约1200米。在古人的心目中“水能生财”，也预示着会兴旺发达，翙岗水系丰满造就了村落繁荣的旧时风貌，村中嘉庆堂、预立堂、经畬堂、康德堂、敬吉堂、客保厅等历史建筑便可窥其一斑。

翙岗村与水共生，也出现了与水系紧密相关的民俗“洗街”。水系暗渠与村中老街平行，村民会在几个敞口澳用匣板拦水，渠中水流很快便会漫出，清凉

翙岗澳口　桐庐县林业水利局提供

的溪水铺满整条老街，颇有“浣汲未防溪路远，家家门前有清泉”的意境。“洗街”已经延续了300多年，每年夏天村里都会开展此项民俗活动，这也成了翙岗一项重要的人文旅游项目。此外，翙岗还有一项传统民俗“迎神节”。相传古时候，凤岗边上的溪滩有个乌石塔，每次遇到大雨，溪水上涨，便无法顺利行洪，危害生产生活。土地神不忍百姓受水灾之苦，便将其推倒，并使大源溪和小源溪合并为一，保住了大片农田。为此，人们便在庆祝丰收的同时迎神来农家做客，久而久之成了“迎神节”。

翙岗村落水系以其流量之大、范围之广、存续之好、使用之频、年代之早，凸显了桐庐先民解决用水问题的系统性智慧，展示了极高的水利工程营建工艺水平，成为桐庐古代水利工程遗产的重要代表。水文化遗产以古代先民水利工程建设为基因，但是有了“非遗”“民俗”的文化点缀，也让水系活了起来，有了更加丰厚的文化魅力。

芹川古村水系

潺潺溪水养育百姓 敦睦崇文传之不朽

芹川古村水利系统位于淳安县浪川乡芹川古村，距县城千岛湖镇 45 千米。700 多年历史的芹川古村，因水而生，因水而兴，用自己的历史又一次验证了“水是一座村的灵魂”。

长约 1.3 千米的芹川溪，呈“S”形穿村而过，溪水清澈见底。一座座石拱桥、水泥桥、木板桥、

芹川古村风貌　夏利新摄

芹川古村　夏利新摄

独木桥，横跨于6—8米的溪面之上，连接了两岸。村民在溪中修筑堰坝，以蓄溪水。村民家中普遍建有水池，水源来自芹川溪。为保持水池水流清澈，在上游引溪水入池，在下游则建有暗渠排水，非常巧妙。沿溪分布着大大小小的埠头，有石质的，也有混凝土浇筑的，可供村民浣衣洗菜。一幢幢保存完整具有徽式建筑风格的古民居沿溪而筑，临水而建的水榭更是芹川村的特色建筑。

农耕时代的水利系统，是芹川古村落不可或缺的重要组成部分，也是这座古村的灵性所在。村中历史文化遗产分布于溪水两岸，如赈灾恩赐碑、光裕堂、敦睦堂、敬义堂、七家学堂、上策厅、昭灵庙、连理古樟等。

溪水两边，自然景观优美，芹水之涧曲折通幽，凤山之麓蔚然灵秀；银峰耸秀、芹涧澄清、象山吐雾、狮石停云、玉屏献翠、金印腾辉、餐霞滴漏、沙护鸣钟八景，每一处皆是自然与人文的和谐之美。

2006年，芹川村被浙江省人民政府命名为“第三批省级历史文化村镇”。2014年，芹川村被评为第六批中国历史文化名村，并列入第三批中国传统村落名录。

萧绍海塘杭州段

千年潮涌　捍海长城

萧绍海塘杭州段是防御浦阳江和钱塘江的江堤。萧绍海塘杭州段的起点是萧山进化镇的麻溪坝，终点是萧山益农镇的童家塔。萧绍海塘为萧绍平原之屏障。萧绍海塘以西兴永兴闸为界，以西称为西江塘，自进化镇麻溪坝至西兴永兴闸；以东称为北海塘，自西兴永兴闸至益农镇童家塔。

北海塘　徐国庆摄

西江塘　刘柏良摄

西江塘因为在萧绍平原西端，故名。西江塘起自麻溪坝至半爿山，经进化、临浦、义桥、闻堰等镇（街道）。其中麻溪坝至茅山闸段西江塘已退居二线，茅山闸至小砾山段为浦阳江西江塘。小砾山至半爿山段，为钱塘江西江塘，濒临浦阳江、富春江、钱塘江三江口，长5433米。

西江塘随钱塘江水势变化和浦阳江下游河道变迁分段陆续形成：潭头（闻堰）至半爿山在置余暨县前已兴筑；渔浦至潭头始筑于五代；碛堰山至麻溪坝段，自南宋起分段形成，至元明清已具规模。

西江塘现仍存一段荻径塘遗址，在临浦白鹿塘村，白鹿塘村位于萧山以南，在临浦镇最北端，北接蜀山街道，东邻所前镇。白鹿塘村的村名就来源于村东的荻径塘，古时荻径塘为萧山十景之一，为临浦湖西岸堤塘，位于临浦与所前交界处。

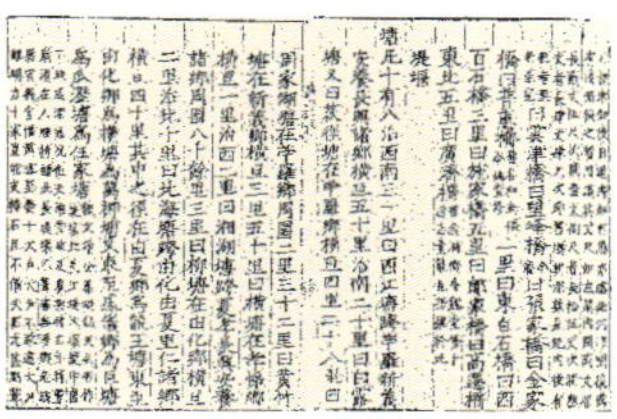

西江塘（明嘉靖《萧山县志》）

西江塘旧貌　萧山区农业农村局提供

据明万历《绍兴府志》所载，此塘“从古有之，不知其始”，是古代萧山一大水利、人文工程。湖边堤岸，遍植芦苇，每当秋天，芦花飘白，远望似雾露弥漫，故又称“白露塘”，后取谐音为“白鹿塘”。

至今在萧山义桥渔浦渡附近、闻堰的小砾山附近都仍可见不同时期修建的叠加起来的西江塘。

北海塘形成于汉唐，至清代稳固，长约四十里。北海塘各段因修筑年代、技术等不同也被称为龙王塘、横塘、万柳塘、巨塘、瓜沥塘、任家塘等。北海塘从半爿山起，经滨江区浦沿、长河、西兴街道，至萧山区北干、新街、新塘、瓜沥、益农等镇（街道），到童家塔与绍兴海塘连接。

现在的萧山北干街道建有荣星北海塘遗址公园，这段海塘遗址是清道光十四年（1834）修建的石塘。另外，在萧山区衙前新林周村三神庙附近可见另一段北海塘遗址。自北宋起，这段海塘经历了兴建后被冲毁、冲毁后又兴建的数百年历史。古时，这一带海塘上种植着万株绿柳，因此被称为万柳塘。相传有一块乾隆皇帝下江南时题写的“古万柳塘”的石碑。今天的衙前镇新林周村的海塘路，就修建在古海塘上。

北海塘的修筑是萧山围垦历史的开始，是“奔竞不息、勇立潮头”萧山精神的历史见证，是萧山先民留给后代的宝贵财富。2017年，萧绍海塘杭州段被公布为浙江省省级文物保护单位。

西险大塘余杭段

塘以险名 杭城屏障

昔筑瓦窑塘，半日填泥决口塞。
今筑乌龙瀍，下取溪沙易为力。
万夫邪许敌万牛，畚臿齐举截众流。
土塘既筑筑石埭，蜿蜒龙身据上游。

〔清〕任昌运

东苕溪西险大塘　伍宗保摄

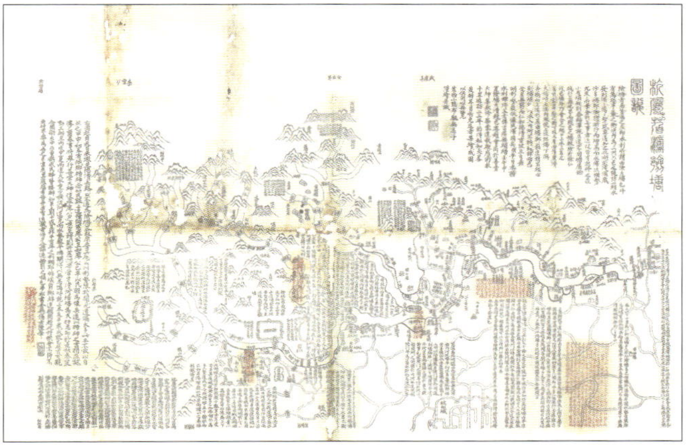

杭属苕溪险塘图说（〔清〕丁学谦绘）

西险大塘为东苕溪右岸堤防，自余杭石门桥起，经瓶窑、安溪至德清大闸，全长 45 千米，是杭州市及杭嘉湖平原重要防洪屏障。因位于杭州之西，堤塘险要，故称西险大塘，其中余杭境内 38.73 千米。

苕溪自古建有堤塘，相传为大禹所建，明代陈善《南湖考》里有“大禹筑塘，名西海险塘”之句。清代潘瑗《南湖水利论》有云：“余杭非临海地，胡为乎苕溪之塘而有西海险塘之名哉？盖苕溪上承天目万山之水……春、夏、秋淫雨滂沱……溪量难容，攻堤决岸，下游杭、嘉、湖三郡俱遭漂没。是以苕溪之塘，其险要利害并埒乎海塘也。”清雍正七年（1729），钱塘知县李惺奉檄呈报《化湾陡门闸议》，该议将县境内东苕溪右堤称为“险塘”。清光绪十三年（1887），粮储道廖寿丰、邑绅丁丙挑培西大塘称：“西大塘当三苕会合之中，形势尤其险要，故又称西险塘。”民国三十七年（1948）的《浙江省水利建设汇刊》记载：“昔人以钱江海塘为东险大塘，以东苕溪右堤为西险大塘，相沿极久。”

东汉熹平二年（173），余杭县令陈浑在县南筑堤以防苕水泛滥，沿塘一带增设陡门塘堰数十余处。北魏郦道元的《水经注》记载：“浙江又东径余杭故县南、新县北……汉末陈浑移筑南城，县后溪南大塘，即浑立以防水也。”其中的大塘，后来又称瓦窑塘，是西险大塘的西端一段。南宋淳熙六年（1179），在东苕溪右岸分段筑塘、闸，名为“十塘五闸”。明永乐二年（1404），户部尚书夏元吉和大理寺少卿袁复创筑庙湾塘、瓦窑塘，以防水患。正统十年（1445），遣工部侍郎周经来浙，修筑化湾塘闸。嘉靖三十六年（1557），对黄鄱塘等进行加高培厚。万历三十六年（1608），钱塘县令聂心汤主持修筑化湾塘闸。万历三十九年（1611），余杭险要地段九百丈，用木桩、块石加固堤脚，挑土培厚，次年完成。清康熙五十五年（1716），余杭知县魏崾主持修复安溪陡门。雍正五年（1727），浙江巡抚李卫派员整修压沙塘五十八丈。光绪二年（1876），余杭大

东苕溪西险大塘 伍宗保摄

水，田庐淹浸，召集民工整修大塘。光绪十三年（1887），粮储道廖寿丰命邑绅丁丙对西险大塘择要挑浚，分段清丈。光绪十五年（1889），将西险塘分段立石，西险一号为黄鄱塘，西险二号为烂泥湾塘，西险三号为化湾塘，西险四号为羊山塘，四塘总长约 5 千米。西险大塘连成一线，大致在清末民初。民国三十五年（1946），由专署召集有关各县代表组织东苕溪南北湖水利参事会，开始疏浚东苕溪与抢修西险大塘，次年 2 月，对杭县段堤塘进行全面修补。

历史上，西险大塘常出现险情和坍塘圮闸，据统计，仅明永乐元年（1403）至清光绪八年（1882），有明确记载的就有 14 次。如明成化七年（1471）夏，余杭大水，决化湾塘淹没田禾，灾及旁邑，死亡无算；清道光三十年（1850）八月，洪水冲塌烂泥湾塘、化湾塘、羊山塘、龙岗塘、安溪斗门、康家渡塘，田庐尽淹。

西险大塘屡塌又屡修，绵延千年，可总是缚不住东苕溪。中华人民共和国成立以后，才真正迎来了大规模整修加固的"黄金时代"。1949—1983 年，对西险大塘进行了整修加固，重点是抛石固脚、砌石护岸。1984—1995 年，实施西险大塘一期加固工程，防洪标准 20 年一遇。1995 年，根据国家治理太湖的总体规划，杭州市又按百年一遇洪水标准对西险大塘进行全线加高加固和防渗处理、退堤还溪等工程建设，至 2001 年完工后，整个东苕溪内部防洪体系得到

东苕溪西险大塘　伍宗保摄

完善，形成一个较为完备的拦、滞、御、导、排的防洪体系。

西险大塘沿线曾建有陡门 72 个，涧洞 42 个，但多数已重建、改建或废弃，现存有乌龙涧遗址、西涵陡门、化湾陡门、安溪陡门、乌麻陡门、奉口陡门等。

乌龙涧遗址，位于西险大塘桩号 4K+500 处。西险大塘乌龙涧段是塘身薄弱之处，历来是抗洪防洪要地。《杭县志稿》记载，乌龙笕（涧）承金秋堰之水，南灌安乐直至钱塘，是钱武肃王钱镠所置，最为冲要。清光绪三十四年（1908），乌龙涧被洪水冲垮湮塞。至 1969 年，乌龙涧已封堵废弃，仅留遗址。1996 年 7 月 3 日，西险大塘乌龙涧段发生长达 60 多米的滑坡。大堤安全迫在眉睫，一旦大堤出现决口，将严重威胁到杭城安全。形势异常紧急，正在现场抢险的几十名武警官兵奋不顾身，跳入湍急的水流中筑起人墙，打木桩叠沙包，但因

西险大塘乌龙涧抢险　余杭区林业水利局提供

险段长、人手少，险情继续扩大，濒临一触即溃的境地。险情发生后，省水利厅专家迅速赶到现场，按照“前堵、后导、固脚”的原则进行抢险。经过900多名官兵艰苦奋战，终于保住大堤，避免大堤决口的重大事故发生。

西涵陡门位于西险大塘仓前段，大塘里程桩号9K+150处，始建于东汉。西涵陡门后湮废，唐代归珧因旧址重修。北宋宣和四年（1122），县令江帙又大修，明万历年间（1573—1620）又重修。1966年，将西涵陡门堵塞，改建成涵洞；2002年又进行了改造，为钢筋混凝土结构，闸底留有老闸木桩。

化湾陡门位于瓶窑镇崇化村，西险大塘里程桩号16K+089处。南宋淳熙六年（1179），东苕溪兴筑“十塘五闸”，化湾陡门为其中五闸之一。化湾陡门建成后屡遭冲毁，明清时多次修筑。中华人民共和国成立后多次整修。1990年，拆除老闸，改建为钢筋混凝土箱涵闸。

化湾陡门改造工程　余杭区林业水利局提供

安溪陡门位于良渚街道杜城村，西险大塘里程桩号24K+282处，南宋“十塘五闸”之一。清康熙五十五年（1716）修复，光绪十七年（1891）重建。中华人民共和国成立后多次整修，1974年改木闸门为钢筋混凝土闸门。1991年又原址重建。

1986年的安溪陡门进水口　余杭区林业水利局提供

乌麻陡门位于良渚街道塘东村，西险大塘里程桩号25K+761处，为南宋“十塘五闸”之一。历史上曾多次修建，中华人民共和国成立前最后一次修建在光绪十六年（1890）。1954年，改建成涵洞。1984挖开堤塘，拆除陡门，建成拱形涵洞，为钢筋砼平板闸门及钢筋砼箱涵。

奉口陡门位于仁和街道奉口村，西险大塘里程桩号31K+941米处，奉口陡门古已有之，陡门

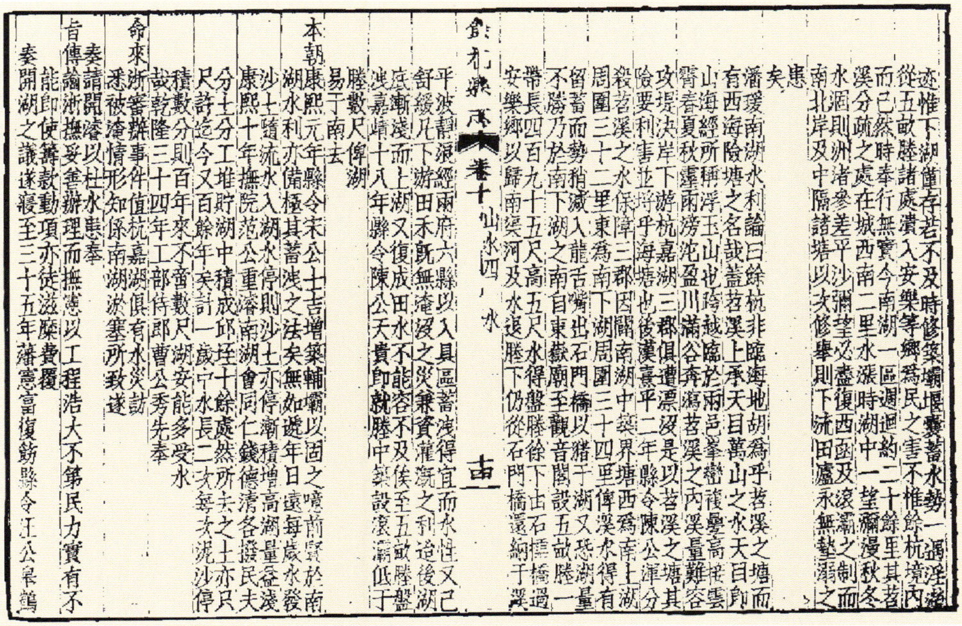

迹惟下湖僅存若不及時修築壩堰蓄水勢一遇淫潦
從五畝塍諸處潰入安樂等鄉爲民之害不惟餘杭境內
而已然時奉行無實今南湖一區週廻約二十餘里其苕
溪分疏之處在城西南二里水漲時湖中一望瀰漫秋冬
水涸則洲渚參差平沙彌望必盡復西函及滚壩之制而
南北岸及中隔諸塘以次修舉則下流田廬永無墊溺之
患
矣
潘瑗南湖水利論曰餘杭非臨海地胡爲乎苕溪之塘而
有西海險塘之名哉蓋苕溪上承天目萬山之水天目即
山海經所稱浮玉山也跨越臨於兩邑峯巒複疊高接雲
霄春夏秋霪雨滂沱盈川滿谷奔瀉苕溪之內溪量難容
攻堤決岸下游杭嘉湖三郡俱遭漂没是以苕溪之塘其
險要利害並埒乎海塘也後漢熹平二年縣令陳公渾分
殺苕溪之水保障三郡因闢南湖中築界塘西爲南上湖
周圍三十二里東爲南下湖周圍三十四里俾溪水得有
留蓄而勢稍減入龍舌嘴出石門橋以豬于湖又恐湖量
不勝乃於南下湖之南自東嶽廟至觀音閣設五畝塍一
帶長四百九十五丈高五尺水得盤塍徐下出石橋過
安樂鄉以歸南渠河及水退塍下仍從石門橋還納于溪

餘杭縣志　卷十　山水四　水

平波靜浪經兩府六縣以入具區蓄洩得宜而水性又已
舒緩凡下游田禾既無淹沒之災兼資灌溉之利迨後湖
底漸淺而上湖又復成田水不能容不及俟至五畝塍盤
洩嘉靖十八年縣令陳公天貴即就塍中築設滚壩低于
塍數尺俾湖易于南去
本朝康熙元年縣令宋公士吉增築輔壩以固之噫前賢於南
湖水利亦備極其蓄洩之法矣無如遞年日遠每歲水發
沙土隨流水入湖水停則沙土亦停漸積增高湖量益淺
康熙十年撫院范公重濬南湖會同仁錢德清各撥民夫
分土分工堆貯湖中積成邱垤十餘處然所去之土亦只
尺許迄今又百餘年矣計一歲之水長二次每次泥沙停
積數分則百年來不啻數尺湖安能多受水
哉乾隆三十四年工部侍郎曹公秀先奉
命來浙審辦事件值杭嘉湖俱有水災訪
悉被淹情形知係南湖淤塞所致遂
奏請開濬以杜水患奉
旨傳諭浙撫妥善辦理而撫憲以工程浩大不欲民力實有不
能即使籌款動項亦徒滋糜費覆
奏開湖之議遂寢至三十五年藩憲富復飭縣令汪公皋鶴

潘瑗《南湖水利论》（清嘉庆《余杭县志》）

附近的实厢奄，即为纪念筑造陡门时因疲劳过度而落水身亡的两位唐代将军所建。后为南宋“十塘五闸”之一，历代修缮。民国二十二年（1933）3 月重建，用钢筋混凝土浇筑桥面板。中华人民共和国成立后，奉口陡门多次修理加固。1978 年将木闸板改为钢筋混凝土闸门。1988 年，将奉口陡门老闸接长后重建水闸 1 座。

西险大塘是一座丰碑，1800 年的修建史，演绎了一幅生动的治水史画。如今，一座防御百年一遇洪灾的钢铁屏障，拱卫着杭嘉湖平原。2022 年，西险大塘达标加固工程开工建设，预计 2024 年完工，将防洪标准从 100 年一遇提高到 200 年一遇。届时，这座始建于东汉的西险大塘，将在满足防洪排涝主要功能基础上，融入景观、休闲、运动、文化、旅游等多元功能，成为苕溪边一道亮丽的风景线。

春江堤

一江流碧玉 一堤咏春秋

富春县前江势奔，危楼如画俯山根。
林林人影向沙市，叶叶风帆下海门。
秋入遥空无寸翳，旱经焦土有千村。
田家正堕忧时泪，安得新醅倒瓦盆。

〔清〕厉 鹗

春江堤 何建伟摄

春江堤　何建伟摄

清代诗人厉鹗的《富春》，起首两句写的是危楼高耸的富阳城，紧傍水势汹涌的富春江，凸显的是一个“险”。颔联两句勾画出安乐和平的图景：挤挤的人群涌向市场，众多的船只扬帆起航驶往杭州湾。这首诗看起来是矛盾的，但是富阳人民知道，化险为夷是因为江边有条捍潮御浪的春江堤。

春江堤，亦名富春堤、吴公堤，位于富春街道城南富春江北岸，东连鹳山，西接苋浦。春江堤有1200余年的历史，是富阳县时间最早、规模最大的水利工程之一。清光绪《富阳县志》载，此堤始筑于唐万岁登封元年(696)，由富阳县令李濬主持修筑，时称富春堤。

春江堤未建时，富阳县城及皇天畈地区水灾频发。“富春建邑临会江，江声日夕相激撞。飓风秋来簸银屋，海若欲使蛟鼍降。蛟鼍降时海若怒，

春江堤　郑泽龙摄

桑田往往栖鸥鹭。几人束手空嗟吁，谓是天阍杳谁诉。”这首古诗真实地反映了当时水患的悲惨情景。

春江堤于唐贞元七年(791)增修。明宣德九年(1434)，江西乐平人吴堂任富阳知县，见春江堤经历几百年的雨洗风淘、潮冲浪轰，逐渐坍塌，江流逼近城墙民居，慨然说道：“一县政治所先，莫此为最。”然而，天公不作美，富阳连年遭灾，无力修堤。直到正统四年(1439)，才盼到丰收年。吴县令刚想动工，杭州府下文到县征集民夫修造钱塘江大堤。吴堂为民请命，向知府力陈富阳实情，获准免征工匠，专力修筑春江堤。是年十月，夫匠云集，不出一月告竣。民获安居，感其恩德，遂名“吴公堤”。

自明代起，沿堤筑起城墙，开四门，从鹳山到苋浦，依次是文明门、南门、下水门、上水门，各门建有船埠。民国二十三年(1934)、三十六年(1947)两度作部分修整。20世纪90年代初，存约1千米，因城市建设，现仅存约120米，堤岸高5—8米，堤坝由长方形条石并列错缝砌筑。

春江堤保存较好，带有明显的时代印记与人文痕迹，对于研究古代堤坝建筑具有较高价值。2011年，春江堤被公布为杭州市市级文物保护单位。

严州古城墙

水陆两栖　拱卫梅城

蒹葭深处古严州，吟向潺湲为送秋。
云映疏钟红叶寺，浪摇孤角翠微楼。
土茅路远催先贡，霜稻天晴趁早收。
零落黄花正西笑，应怜印绶尚淹留。

〔宋〕田　锡

严州古城墙　洪樟潮摄

严州古城墙　马家宝摄

严州古城墙位于梅城镇宝华洲社区南大街最南端，是浙江省内保存最为完好、历史最为悠久的古城墙之一，是防水患守护古城的大型水利工程，为建德市市级文物保护单位。

梅城，位于富春江、新安江、兰江三江的汇合之处，为古严州府城所在地，是一座千年古镇。千百年来，梅城吸引了难以计数的文人墨客，谢灵运、李白、白居易、孟浩然、刘长卿、杜牧、范仲淹等都驻足于此，留下了不朽诗篇。我国著名古典小说《水浒传》《儒林外史》等文学作品中都描写了梅城的人文山水。

严州筑城墙的历史，最早可追溯至唐代，民国《建德县志》载："睦州城，一作罗城，中和四年刺史陈晟筑。周十九里，高二丈五尺。"睦州，即后来的严州。严州城更早的传说，则与东汉名士严子陵相关。据传严子陵离开京城后一路南下，想寻个中意之地修建城池，最后在乌龙山脚下打了五个桩，用梅花绳一绕，建起一座漂亮的梅花城，人称"梅城"，老百姓为了纪念严子陵，又将它称作"严州城"。

据记载，北宋景祐二年（1035），大诗人梅尧臣任建德县令，改篱笆墙为土城墙，作"兴墙歌"以记之。北宋宣和四年（1122），重筑严州城，将罗城缩为十二里二步，将西湖划到城外，城有八门。南宋德祐二年（1276），严州城墙被毁。

黄浦街　马家宝摄

元至正二十一年（1361），李文忠重筑府城，改八门为五门，并筑水门四：一在拱宸门西，一在建安山与秀山之间水㡣门，一在兴仁门左，有闸以司启闭，一在和义门，南通西湖。清乾隆九年（1744），严州大水。知府富绅、同知王元、建德知县上官德兴重修城墙，增高东城墙五尺，下建水闸。民国二十七年（1938），为防日军侵占后利用城墙作工事，除南城墙暂时保留防洪外，其余全部拆除。

相传现存的严州古城墙为明朝开国元勋刘伯温设计，周长约 3 千米。"雉堞半作梅花形"，故严州城又名"梅城"。直至 20 世纪 40 年代末，绝大部分古城墙仍保存完好。20 世纪 60 年代，因下游富春江水电站的兴建，古城墙作为城市挡水围坝加固工程的主要部分，被垒砌和包裹在坝体当中。2010 年，梅城镇启动古城保护工程，对年久失修而出现塌陷的大坝进行保护性修缮，古城墙西段 200 多米墙体重见天日。古代用于防洪的巨大闸门得以恢复，成为阻隔三江洪水的重要屏障。

这座古朴的城墙，不仅重新承担起古城的防洪护岸重任，尘封已久的澄清门和福运门也随之"重见天日"，在保护性修缮和改造提升中，成为严州古城贯通古今的文化符号。依托大坝主体打造的严州文化公园，充分展现古严州人民独特的生活景象和民俗风情，成了严州城新的文化地标。

麻溪坝

坝分县界 水流两川

东汉永和五年（140），马臻筑麻溪坝，这是麻溪筑坝的最早记载。后来，明景泰七年（1456），衢、严水发，江高涨水，反从东西小江冲入内地，当时魏骥以尚书致仕，亲率乡民，修筑麻溪坝，明成化年间（1465—1487），筑成全长1064米的麻溪坝，时为土坝；万历十六年

《麻溪改坝为桥始末记》中的麻溪桥

(1588)改为石坝。坝横断面呈梯形，西面斜、顶平，上底宽 6 米。坝东部有麻溪桥，西部有高米、宽 2.1 米、进深 4 米涵洞，坝旁边建有麻溪晏公庙。

清乾隆《绍兴府志》载："万历十六年，萧山知县刘会加石重建……"筑麻溪石坝后，使坝内皆成沃壤，但也割断了麻溪和西小江的联系，使麻溪水不能通过西小江流出，只能改向西经茅山闸而入浦阳江，所以坝外一带涝则淹没，旱则断流。于是坝内外的废坝、保坝之争不断，甚至发生械斗。直至麻溪坝改桥，才解决了当时因麻溪坝而引发的水利纠纷。

1913 年，汤寿潜改建坝为桥。该桥为单孔石拱桥，长 10.6 米，跨径 4.6 米，桥宽 3.8 米，矢高 4 米，桥由石料砌成，桥身与坝连为一体。桥北侧额镌"麻溪桥"字样。自桥建成后，当麻溪发生洪水遇上浦阳江水位抬高无法排水时，就关闭茅山闸，让麻溪洪水经麻溪桥入西小江畅流而出，缓解了坝外 70 个村庄、3 万多居民、1.2 万亩良田的洪涝灾害，使坝外摆脱了频受洪水侵袭的困境。所以，麻溪改坝为桥在浦阳江治理历史上具有非常重要的意义。

麻溪坝是浦阳江流域非常重要的一项水利工程，其修筑及变迁也是萧山水利史上极为重要的一页。

横塘波渚 牛埭水利

横筑塘埭遗址

横筑塘埭遗址位于义桥镇湘东村横筑塘自然村，建在东西向的横筑塘上。古时，沿湘湖有一条灌溉渠道叫枫林穴，东边有一条南北堤塘直通峡山头村黄竹山，所以这条塘取名黄竹塘，后讹成了横筑塘。2013 年，横筑塘埭遗址被列为杭州市市级文物保护单位。

横筑塘埭遗址北坡　朱飞摄

横筑塘埭遗址侧视　徐国庆摄

横筑塘埭始建于春秋，当时越国筑横筑塘，并在此修埭。埭是设在河道中保持一定水位的拦河坝，可以蓄水用于灌溉，而当水位过高时又能泄水排涝。古时船只过埭时需要借助外力辅助。

春秋时期，横筑塘埭用人力拖船只过埭。南北朝时，改用牛拖船，所以也名牛埭。五代时，筑西江塘后，横筑塘成为二线堤塘，牛埭成为内河河埠。北宋筑湘湖后，横筑塘埭成为沟通湘湖和内河的水运码头。明代以后，牛埭除了拖船，还拖湖草。

横筑塘埭遗址现仅存北坡，宽 2.20 米，坡度约 60°，由石板斜插入河中。埭两侧为河埠。横筑塘埭遗址边有南津亭和张夏祠。横筑塘埭是古代运输中转点，是萧山现存唯一的牛埭遗址，也是研究萧山水利和河湖变迁的重要遗产依据。

紫溪水堰群

昌化先民水利智慧的杰出代表

昌化这边有两条紫溪，一条就是昌化溪，也称紫溪，另一条是小紫溪，自石坎村南流入双溪下游。康熙十二年（1673）《昌化县志》载：“紫溪，县东五里，源出道场坪，左吐珠塆，历下冲，经紫口，至童婆桥，入双溪。”而这条紫溪源出道场坪县东五里，注入双溪的下游，也就是流入县治

紫溪水堰群 临安区农业农村局提供

紫溪水堰群　临安区农业农村局提供

前的紫溪下游。这样，就是小紫溪向南流，注入东流折向南流这段的大紫溪了，小紫溪是大紫溪的支流。

紫溪水堰群位于临安区昌化镇石铺村石坎自然村紫溪上，修建于清代。由11座水堰组成，平面略呈“Z”字形结构，水堰由块石垒砌，其中火烧坦堰坝高为1.2米，长17米，中间开槽，左端有引水渠，长约15米，引水渠末端转角呈90°经水渠通向农田。其他水堰结构及规模大致与火烧坦水堰类似。

多数堰保存状况较好，部分堰体已经用水泥加固，农忙时节需要用水时，开启引水渠，平时则关闭引水渠蓄水，该堰坝群灌溉面积可达百余亩。

别看这些小小的堰坝，从选址到设计都是很有讲究的。几乎每个自然村落前都有一座水堰，堰坝可将紫溪的水蓄起来，主要用以灌溉，同时亦可作为生活水源，在平时根据季节调整堰内水位，可以起到抗旱、防洪的作用。堰体采用石块垒砌，结构稳固，其工艺和设计都极具科学性。

紫溪水堰群默默守护着紫溪两岸村庄的富饶与安宁，它同样凝聚了古人与水和谐相处的智慧与努力，折射了中国传统文化中天人合一的文化理念。

紫溪水堰群是昌化地区古代先民的一大杰作，具有一定的规模，是研究古村落古居民生活、生产状况的重要遗存，在遗产研究等方面有一定的保护价值。

周村畈水堰

卵石垒砌梯形水堰

从龙岗下高速，往岛石方向，约25千米，便可见新桥村标，公路盘绕，兜兜转转，颇有“山重水复疑无路，柳暗花明又一村”的味道。

时值盛夏，一路绿树浓荫，自大山川村绕

周村畈水堰　临安区农业农村局提供

周村畈水堰引水渠　临安区农业农村局提供

过一个尖尖的山头，便可见周村畈水堰。该水堰横亘于临安新桥村老屋下自然村东南部的后溪之上，始建于清代。

堰坝东北至西南向横亘于后溪，略成弧形。堰体用较大的卵石垒砌，呈梯形状，迎水面现没于水中，背水面宽 5 米，总长约 75 米，左侧设水渠，水通向东侧，该处原有水碓，用于当时的粮食加工及平衡上下游的农田旱涝，现水碓已毁。堰坝以较大卵石垒砌，结构坚固，历经百余年，仍保存完整，堰坝的结构特征具备一定的研究价值。

清澈的溪流、爽朗的山风、静谧的云影、绿油油的庄稼，时间在这里仿佛是静止的，一切还是很多年前的样子。当城市文明高歌猛进，幸好还有这样的乡村，还有这样古老的遗存，在青山绿水中守望着我们的乡愁。

周村畈水堰充分反映了先民利用自然资源兴利避害、“天人合一”的自然法则，体现了古代先民的勤劳勇敢和聪明才智。

水闸安流

永兴闸遗址

浙东运河上的『龙口闸』

山月欲落鸡始鸣，西兴埭上行人行。
争晓沙头候潮去，水乡八月秋风生。

〔清〕陈　范

永兴闸　高新区（滨江）综合行政执法局提供

永兴闸　刘柏良摄

永兴闸，位于滨江区西兴街道，西兴官河路与西兴街之间的浙东运河西端。永兴闸在历史上很长时间内发挥了巨大的作用，它不仅是西兴运河的内外节制闸，也是萧绍平原排涝灌溉的枢纽工程。

永兴闸，由原西兴埭改建而来，西兴埭为南朝时期建造，原称西陵埭。五代后梁乾化二年（912）以“陵”字不吉，将西陵改名西兴，故西陵埭改称西兴埭。南宋嘉定十七年（1224），汪纲开浚西兴运河，疏浚西兴堰内外河道八千余丈，又在疏浚后的西兴运河入钱塘江口处建闸。此闸毁于元明期间，后再改建为堰，名大堰。这处大堰所在位置是阻截钱塘江涌潮入侵和排泄内陆洪涝的主要溢口，大堰的存在，固然能够有效地保证灌溉、航运的正常水位，但对于泄洪来说有弊无益。特别是在雨季汛期，“塞龙口，水无从泄”，使运河两岸诸乡汇为巨浸，当地不得不“争开大堰放水入钱塘江”。然而，一旦开掘大堰，钱塘江涌潮便从堰口长驱直入，酿成严重潮害，而且堵口极其困难。

明万历十四年（1586），萧山县令刘会组织民工重修西兴塘，随即改建大堰为闸，因萧山古称永兴道，故闸名永兴，又因位于运河入江口，故又俗称龙口闸。由于闸址为故大堰，基础稳固，足以阻障闸外涌潮，调节内河运河水

永兴闸　高新区（滨江）综合行政执法局提供

系。同时，闸门闭启便捷，效率大大提高。永兴闸的建成使用，也引来他乡群起效仿。民国《萧山县志稿》记载：“而山会则以为公羡也，亦领费于府库，因创青山、白洋二闸，并泄鉴湖之水。”清乾隆五十八年（1793），邑宰蒋重耀重修永兴闸。民国时期，里人田廷黼、何灿报请县衙清底洗闸，塘闸局又置新闸板两道，规定闸河内不许堆积秽物，立碑禁止。永兴闸一直沿用至民国末。

永兴闸为复闸结构，分东西两闸，两闸相距约百米。现存永兴闸遗址为东端闸，其西端闸因河道淤塞，中华人民共和国成立后填河筑路被掩埋地下。永兴闸东端闸为石构双闸结构，闸体呈对称八字形，主体包括闸门、闸墙、底石及挡水坝等。闸门南北跨度为 4.4 米，南北各立两根间距为 0.6 米的石门柱，之间砌筑长方形块石，石门柱长 2.8 米、宽 0.53 米、厚 0.3 米。石门柱外侧壁开有长条形凹槽。闸墙条石错缝平铺叠砌，曲折连接通河道，河道南北跨度为 6.3 米。闸门底部平铺长方形石板作为底石。闸门西侧有一南北向、用长方形条石砌筑的挡水坝。现两侧条石垒砌的闸台、石质闸槽保存完整，闸墙、底石、挡水坝尚存。

永兴闸遗址作为浙东运河的水利设施遗构，见证了昔日的繁华景象，为历史研究提供了珍贵实物例证。2013 年，永兴闸作为西兴过塘行建筑的组成部分被列入第七批全国重点文物保护单位；2014 年，成为中国大运河世界文化遗产点。

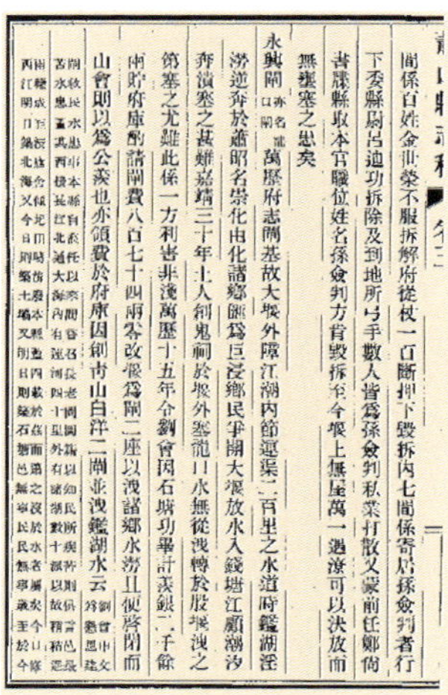

閘係百姓金世榮不服拆解府從杖一百斷押下毁拆內七閘係寄居孫僉判者行下委縣尉呂迪功拆除及到地所弓手數人皆爲孫僉判私業打散又蒙前任鄭尙書牒縣取本官職位姓名孫僉判方肯毁拆至今堰上無屋萬一遇潦可以決放而無壅塞之患矣

永興閘 萬歷府志閘基故大堰外障江湖內節運渠二百里之水道府鑑湖淫潦逆奔於蕭昭名崇化由化諸鄉匯爲巨浸鄉民爭鬨大堰放水入錢塘江顧潮汐奔潰塞之甚難嘉靖三十年土人剏鬼祠於堰外塞龍口水無從洩轉於股堰洩之節塞之尤難此係一方利害非淺萬歷十五年令劉會因石塘功畢計羨銀二千餘兩貯府庫酌請閘費八百七十四兩令改堰爲閘二座以洩諸鄉水潦且便啓閉而山會則以爲公羨也亦領費於府庫因創青山白洋二閘並洩鑑湖水云

永兴闸（民国《萧山县志稿》）

龙山闸遗址

龙山闸开江水平

罗山林浦连渔浦，钱唐江潮吼如虎。
六和塔近月轮边，龙山闸枕澄江浒。

〔明〕张得中

龙山河闸口　刘柏良摄

龙山闸入钱塘江口门闸　刘柏良摄

龙山闸遗址位于上城区闸口白塔岭下龙山河口，为浙江省省级文物保护单位。

龙山闸的兴建最早可追溯至五代后梁开平四年（910），吴越王钱镠集民工20万人，在候潮、通江两门外用“石囤木桩法”修筑捍海塘，并建龙山、浙江两闸，以限潮水入城中诸河。龙山闸是钱王海塘建设的重要节点，阻止了咸水倒灌，缓解了潮患，对“拒潮以得良田”具有重要意义，使当时杭州城百姓的生活空间得到了有效拓展，也奠定了杭州在吴越国时期直至南宋都城阶段的城市格局基础。

龙山闸是古代杭州重要的水利设施，南通钱塘江，北接龙山、盐桥及城内诸河再与上塘河通，是京杭大运河与钱塘江沟通通道的“南大门”。大船进入内河，须等江潮涨平，然后开启龙山闸门，先使闸中河舟出闸入江，再令江船、海舶进闸。龙山闸的建成令龙山河的通航条件得到保障，从温州、台州、明州（今宁波）来的海船和从衢州、婺州（今金华）、严州（治建德梅城）来的江船，得以进入杭州内河，沿着龙山河、中河、东河将贩运的货物运送至城区，并可沿东河直达京杭运河。龙山闸的建成，与钱塘江、大运河以及城内河道共同组成了

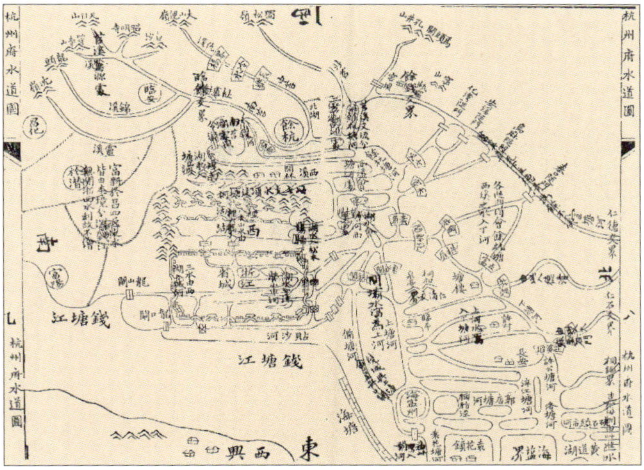

《杭州府水道图》上可见龙山闸（清王凤生《浙西水利备考》）

杭州城的水运系统，也促成了“沿河成市、因水成街”的城市发展格局，为杭州城的经济发展奠定了重要的基础。

龙山闸自建成以来，因潮水冲击，多次重建。北闸在北宋大中祥符元年（1008）之前已毁，大中祥符二年（1009），杭州排岸司监官胥致尧加以重建。后龙山闸斗门被潮水冲坏，舟楫出入颇为不便，大批船只拥泊闸门内外，使河运断绝。天圣四年（1026），“杭州海潮，冲坏水闸，舟船有阻滞之艰”，宋仁宗命杭州地方长官疾速修理，以保持杭州港内河水道畅通。元祐四年（1089），龙山闸又一度损坏。杭州知州苏轼在疏浚茅山、盐桥二河的同时，对龙山闸进行了修整，改善了龙山闸的通航条件，一直保持至北宋末年。南宋时，龙山闸与龙山河临近皇宫，朝廷出于皇宫安全需要，将龙山闸废止并禁止通航，龙山河不断淤塞。

元延祐三年（1316），江浙行省左丞相脱脱恢复了龙山河和龙山闸。明代，由于河高江低，改闸为坝，后“拓广一十丈，浚深二丈，仍置闸以限潮水”，便于军舰舟楫出江。清雍正二年（1724），改龙山坝为闸。此后闸、坝之间多有反复，但即使设闸亦仅为排涝单闸，不复有通航功能。道光八年（1828），潮水冲毁龙山闸，至民国二十三年（1934）闸址犹存，其下尚有细流相通。

20 世纪 50 年代初期，在小桥东侧尚留有坝，船只、竹、木等通过机械绞盘翻坝入中河运输入城，直至 1958 年废弃。2000 年修建标准海塘时，在闸口新建二孔排涝闸 1 座，并在旁边新建中河引排和西湖引水 2 座泵房，但不作通航使用。现存龙山闸遗址为单孔闸，宽度约 10 米，闸门为石质，闸身为钢筋混凝土仿石质结构。至此，龙山闸仅具地标作用，其所在地亦命名为闸口，同时建有闸口公园。

圣塘闸

西湖的守卫者

圣堂闸水注新河，高插鱼标记不讹。
船用篙撑不用橹，门前春涨绿痕多。

〔清〕魏　标

圣塘闸　刘柏良摄

圣塘闸亭　孙平平摄

圣塘闸，也称圣堂闸，位于上城区湖滨街道东坡路社区，西湖东北角，杭州青少年活动中心东南面。作为西湖最大、最古老的出水口，圣塘闸从古至今守卫着西湖，是控制西湖水位平衡的主要枢纽，为提升西湖水质立下了汗马功劳。

据记载，圣塘闸始建于唐广德年间（763—764）。南宋咸淳六年（1270），在九曲昭庆桥下设闸，视西湖水之盈缩启闭，泄水通往九曲下湖，后入新河。据《湖山便览》记载，昭庆寺后，宋志称九曲下湖的地方，旧有二斗门，即玉壶水口与中闸，而今时过境迁，开了新河，玉壶之水遂向南移，为圣塘闸，陡门即在圣塘闸附近。它与其北侧的石函闸和中龙闸，并称为“石函三闸”，控制着西湖水量的排放。

1912年，拆除沿湖城墙时，将钱塘门外原水城门改建为圣塘闸。1950年，圣塘闸木制闸门改为铁门，泄水口改建成混凝土暗渠。20世纪60年代，曾利用该闸水位落差建成西湖少年水电站。1984年，闸由人力启动改为电力启动，上建圣塘闸亭。亭内有一碑刻，记有白居易所作《钱塘湖石记》。

唐穆宗长庆二年（822），大诗人白居易为杭州刺史，后力排众议，治理西湖，修筑白堤。白居易规定，西湖的大小水闸、斗门在不灌溉农田时，要及时封闭，发现有漏水之处，要及时修补。当年“江州司马青衫湿”的雄心壮志，如今早已被刻在圣塘闸亭上，随着这潋滟波光名留千古。

现圣塘闸高6米，长14米，宽6米，混凝土结构，是连通西湖和杭州城区内河最重要的枢纽，也是西湖水位和城区河道水质主要“调节器”之一。闸内每天有13万立方米的水流出，平时闸门只开20厘米左右的单闸，就可以保证西湖活水的流通，它的出水总量几乎是西湖其他8个出水口的流量之和，是西湖最大的出水口。

津渡帆影

西兴过塘行码头

沟通钱塘江与浙东运河的枢纽

烟波尽处一点白，应是西陵古驿台。
知在台边望不见，暮潮空送渡船回。

〔唐〕白居易

西兴过塘行码头　高新区（滨江）综合行政执法局提供

西兴过塘行码头　高新区（滨江）综合行政执法局提供

“上船下船西陵渡，前纤后纤官道路。子夜人家寂静时，大叫一声靠塘去！”一首晚清文人来又山创作的《西兴夜航船》，再现了当时西兴过塘行的繁忙景象。

蹚过时光的流水，承载着江南古韵和河运繁华的岁月记忆被一一唤醒。这是行走中的文化掠影，也是流淌着的古镇温情。西兴作为钱塘江古渡，是南北人员往来、东西货物交易的重要“津渡”，自古为“浙东首地，宁、绍、台之襟喉”，万商云集，士民络绎，市容繁华。与之相对应的钱塘江北岸，即今南星桥一带，设有柳浦渡，是沟通浙东“上八府”与浙西“下三府”的交通枢纽。

由于浙东运河水位低，钱塘江水位高，尤其涨潮之后，钱塘江的水位更是远远高于浙东运河，因此浙东运河和钱塘江之间，无法直接行船通航，作为运河的起点，人们只能在钱塘江入口的西兴镇停船靠岸。特殊的地理位置，使得西兴连接了两条运河，它既是浙东运河的起点，也是京杭大运河的终点。

西兴码头位于滨江西兴街道西陵社区官河路北侧，是沟通钱塘江与浙东运河的运输枢纽。西晋以后，西兴形成中转码头，元代，为漕粮北运的重要转运点。明清时期，形成了过塘行这种特殊行业，专门负责浙东运河与钱塘江之间的货物、人员转运工作。《萧山县志》载，萧山在明万历年间（1573—1620）即有过塘行，

康熙南巡图（第九卷）局部（清代王翚、杨晋等绘制于1691—1693年）

清末民初，过塘行陆续增多。1842年“五口通商”以后，由于西兴正处于上海、宁波两个开放城市的中点，客货运输便逐渐繁荣。因为需要把浙东南富庶地区的物资，转运到钱塘江以北，再运到京杭大运河沿线的城市，过塘行便如雨后春笋般发展起来，成为整个运河大动脉上的重要关节。南北客商、东西货物都须集此中转，全盛时期，西兴拥有七十二爿半过塘行。

作为“浙东唐诗之路”的起点，西兴曾吸引无数文人墨客在这里驻足，不乏李白、杜甫、白居易、苏东坡等历代名家的诗篇。南宋时期，浙东运河成为王朝对外贸易的重要通道，瓷器、丝绸、茶叶等出口产品通过浙东运河从杭州运

注：《康熙南巡图》是以康熙皇帝南巡为题材的大型历史图卷，共十二卷，其展现了康熙第二次南巡（1689年）从离开京师到沿途所经过的山川城池、名胜古迹等。画卷中，康熙皇帝由北京出发，经山东入江苏，到苏州、南京，再到杭州，最远渡过钱塘江，到达绍兴。

第九卷图中康熙一行已经从浙江杭州出发，渡钱江塘，经萧山县，抵达绍兴府大禹陵。该图局部可看到，康熙乘舟渡钱塘江，再往前行，有一城门，门洞结彩，此为铁陵关，关里即是西兴驿，旁为码头。

往宁波，再通过海上丝绸之路运往海外。据称，康熙、乾隆南巡时，都曾经西兴码头沿浙东运河前往绍兴祭禹，乾隆还赋诗《渡钱塘江》，其中有云：“斛土千钱诡就塘，风恬日暖彩舟方。一江吴越分疆界，三月烟花正艳阳。”

随着沙涂壅涨致使江河隔绝，钱塘江逐渐北移，过塘行码头逐渐退出历史舞台，到了近代，除了古堤岸埠头依然存在，其余只剩下遗址旧迹。西兴老街沿街分布着永兴闸、屋子桥、铁陵关、西兴驿、城隍庙等遗址，以及残存的牌坊、街亭、河埠头等众多文物古迹，较完整地保留了清末民国初“两街一河”的格局。西兴驿是官方水驿，出现于唐代，为浙东入境首站，主要负责传递信函、包裹和接待公务出行人员。城隍庙位于浙东运河源头西侧，原为纪念范蠡所建，后逐渐发展为祈晴或祷雨的祭祀仪式都在城隍庙中举行。这些遗迹见证了西兴作为沟通浙东运河与钱塘江的水陆交通枢纽的盛景，也沉淀了西兴的历史文脉。

一座过塘行，一部西兴史。如今，西兴老街繁华已褪，但河流依旧，房屋依旧。运河之头，遗落的风景和小镇居民安详宁静的生活诉说着历史的变迁和悠悠的文脉。2013 年，西兴码头和过塘行建筑群被列入第七批全国重点文物保护单位；2014 年，成为世界文化遗产中国大运河的遗产点。

浙江第一码头

浙江省曾经最大的内河码头

浙江第一码头，位于上城区南星街道之江路飞云江路口，复兴大桥西侧的钱塘江滨，曾是杭州过钱塘江的主要渡口。

清同治三年（1864），著名巨商胡雪岩筹资倡设钱江渡，对往来旅人实行分文不取，称为“义渡”。“义渡”南岸位于今滨江区长河江边，当地人称“江

浙江第一码头　杨东摄

浙江第一码头（20世纪20年代）（摘自《杭州日报》）

边码头”，北岸在南星桥三廊庙，称“三廊庙码头”。光绪六年（1880），义渡归省慈善机构同善堂管理。民国元年（1912），义渡收归省办专设机构“钱江义渡局”管理。民国八至十二年（1919—1923），添置油轮8艘，全部实现轮渡。

民国十八年（1929），北岸南星桥三廊庙建成混凝土码头，长250米、宽5米，配有铁壳趸船和钢筋混凝土引桥。码头建成之日，当时的浙江省政府主席张静江、浙江省建设厅厅长曾养甫亲自前来主持落成典礼，张静江还题写了“浙江第一码头”的横额。1931年，南岸码头亦告竣工。南岸码头基本与北岸码头相同，唯桥长只有27.45米。南岸码头落成后不久，因码头前沿淤沙涨出数百米而无法使用，于是钱江义渡局又筹集资金，在码头上游100多米处建了木质平桥码头一座，当地人称之为“红牌坊”码头，从而解决了南北岸过渡难的问题，同时实现了汽车过渡。1932年12月，浙赣铁路萧山西兴至金华段开通，码头渡载运输压力随之日趋加重。1937年11月5日，日本侵略军登陆金山卫，杭州危在旦夕。成千上万的百姓过江逃难，第一码头因此日夜开放。1945年抗战胜利后，钱江轮渡局由浙江省交通处接收，改名为钱江轮渡所，恢复轮渡。1949年5月杭州解放前夕，国民党军队在撤退时扣留大量船只并加以焚毁，渡轮也遭到破坏，轮渡被迫停止。6月，钱江轮渡所由杭州市军管会接管，轮渡得到了恢复。

中华人民共和国成立后，渡运设施不断更新，渡船多次置大易小，两岸码头几经扩建。1984年，又投资增建南、北码头各1座，使两岸渡口各有2座停靠码头。1985年，在江滩陆地建造候船厅和综合楼。随着社会的发展，钱塘江上陆续架起了钱江二桥、三桥等桥梁，公路建设大发展，轮渡也未能幸免骤然而衰。1998年1月8日，浙江第一码头终于完成了自己的历史使命，正式宣布“退休”。

浙江第一码头曾是全省最大的内河码头，为沟通钱塘江南北两岸的交通要处。高峰时期，每天有20000多人从这里过江，浙江第一码头是几代杭州人心头的回忆，也见证了杭州百年兴衰沧桑。

闸口水文站

浙江省最早设立的河口潮位站

闸口水文站位于杭州市之江路313号，设立于民国四年(1915)，是浙江省最早的水文站之一。水文监测要素包括水位(潮位)、降水、水温、含氯度等项目，属国家基本水文测站。

民国四年，沪杭甬铁路局在闸口设立水位站观测钱塘江潮位。民国二十一年(1932)，由

闸口水位台　杭州市水文水资源监测中心提供

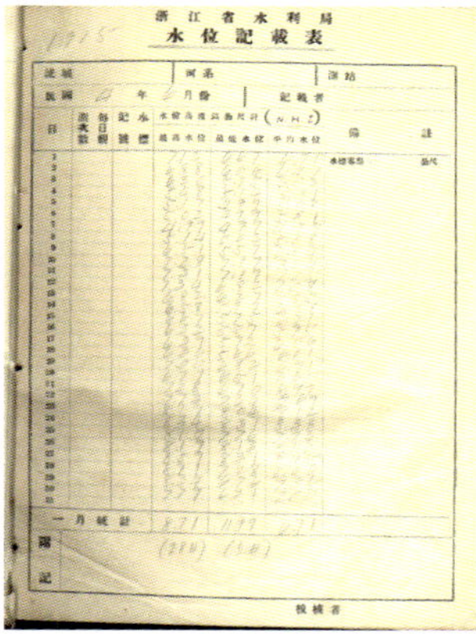
浙江省水利局
水位記載表

闸口站（1915 年）水位记载表
杭州市水文水资源监测中心提供

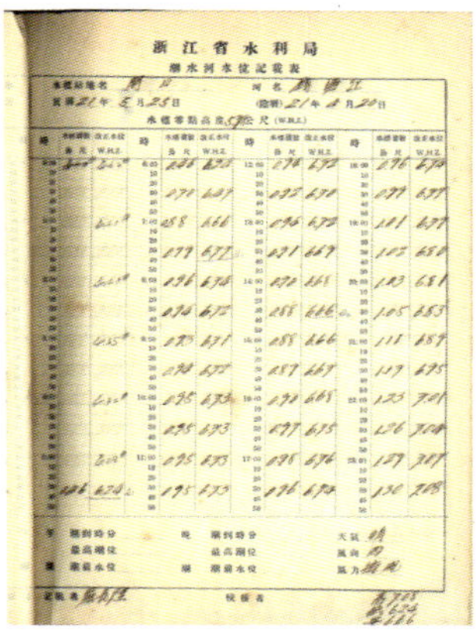
浙江省水利局
潮水何水位記載表

闸口站（1921 年）潮水位记载表
杭州市水文水资源监测中心提供

当时的浙江省水利局负责观测；民国二十六年（1937）年冬，因抗日战争而停测。抗战胜利后，1946 年起浙江省水利局恢复观测，至今仍在继续观测。

闸口站水尺设于钱塘江大桥上游右岸，年鉴刊有 1915 年 3 月—1932 年 12 月的逐日最高最低水位表。1946 年 7 月 1 日，浙江省水利局重新设站，基本水尺断面设于钱塘江大桥下游 800 米处，在基本水尺断面下游 1000 米处的闸口电厂设有下比降水尺，后于 1952 年改造为水位台自动记录潮水位，用于潮水位资料整编。1950—1952 年，年鉴刊印站名为杭州站。1998 年 4 月，因钱塘江标准堤塘建设，原设在闸口电厂内水位台向上迁移 800 米观测至今。

目前该站建有岛式水位观测平台，安装有浮子式自记水位计、雷达水位计记录水位资料。另建有标准雨量观测场，布设 1 套人工观测雨量器、2 套实时自动监测翻斗雨量计，建有含氯度检测化验室。水位、雨量自动监测数据均通过移动网络和北斗卫星双信道传输。

闸口水文站，钱塘江畔的百年守望者，设站以来积累了大量的水位、流量、水温、降水量等水文资料，为钱塘江大桥、高标准海塘、江道整治等工程建设设计提供了重要的基础资料，在杭州城市防汛、防台、防潮、水资源管理等工作中发挥了重要作用。

拱宸桥水文站

见证古运河变迁的百年水文站

拱宸桥水文站位于拱墅区桥西直街 21 号，设立于民国九年（1920），是浙江省最早的水文站之一，为国家基本水位站和重要的城市水文站，也是杭州城市运河重要的防汛控制站。拱宸桥水文站水文监测要素齐全，主要开展降水量观测，运河水位、水温观测，运河水质监测，拱宸桥段流

拱宸桥水文站　杭州市水文水资源监测中心提供

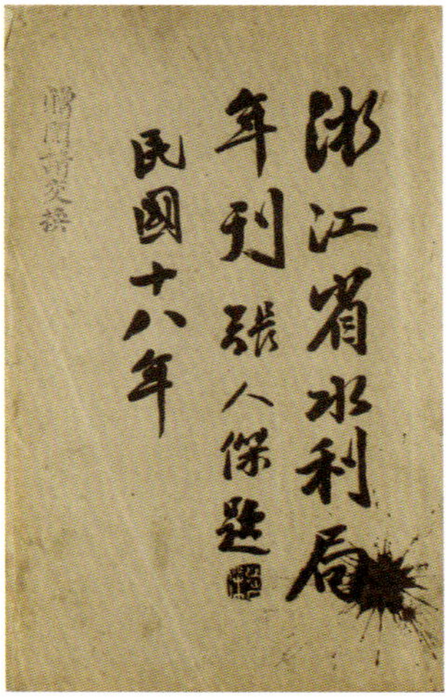

1929 年浙江省水利局年刊　杭州市水文水资源监测中心提供

量巡测及平原地下水位观测等项目。

清光绪二十二年（1896），清政府在拱宸桥北侧通商场设立杭州海关。自此，运河杭州段各类报关通关船只日渐增多，航道通行能力面临压力，水位情况掌握日显重要。民国九年（1920），杭州海关在拱宸桥设立水位站。民国十三年（1924），太湖水利工程局在运河左岸拱宸桥下游 600 米处设立水位站。民国十八年（1929），当时的浙江省水利局正式确定该站名为杭州水文站。1949 年，更名为拱宸桥水文站。

拱宸桥水文站基本水尺断面先后经历 4 次迁移，1955 年前在拱宸桥下游西侧 600 米处，1970 年前移至拱宸桥西端北侧，1975 年前移至拱宸桥上游西侧 70 米处，1979 年结合测站改造移至现址。

2009 年，结合桥西历史文化街区保护与改造，重建了站房、水位台和标准雨量观测场，其中站房面积 230 平方米，雨量观测场 33 平方米。2013 年，为适应历史文化街区的功能定位，科普水文水资源知识，拱宸桥水文站辟出 100 平方米临街用房，建成杭州水文水资源科普展厅。2020 年，展厅进行升级改造。该年，拱宸桥水文站建站百年之际，杭州联合京杭大运河沿线 6 省市 14 座百年水文站共结联盟，共同保护、传承、利用运河水文文化。

千年古运河，百年水文站。拱宸桥水文站记录了宝贵的百年运河水文资料，也见证着千年古运河的变迁，是运河文化的重要组成部分。

瓶窑水文站

记录苕溪百年水文信息

水文站是观测水文、科学治水的重要水利基础设施。民国十三年（1924），太湖流域水利工程处设立了瓶窑水位站，开展水位观测，时名外窑水位站，位于东苕溪右岸；1928 年 6 月设瓶窑雨量站，同时观测水位和雨量；1929 年设瓶窑水文站，开展流量测验。1937 年因抗日战争而停测，

瓶窑水文站　李忠明摄

瓶窑水文站应用河猫测流　宋兴旺摄

直至1950年5月恢复观测，并确定为三等水文站，由浙江省农业厅水利局直管。1956年4月上升为二等水文站，由浙江省水文总站管辖。此后隶属关系历经变更，现由余杭区水文水资源监测站管理。2017年瓶窑老集镇改造，瓶窑水文站也重新改造建设，站址又从东苕溪左岸外窑街迁至右岸教学路2号西侧。

1973年瑞士气象研究所所长施奈德参观水文站　瓶窑水文站提供

瓶窑水文站是东苕溪干流的主要控制站，属国家重要水文站。瓶窑以上流域面积1420平方千米，上游有中苕溪（流域面积254平方千米）、北苕溪（流域面积325平方千米）等主要支流汇入，控制断面以上建有青山、四岭、水涛庄3座大中型水库和南湖、北湖滞洪区。为掌握苕溪流域的水文信息、探索其变化规律，长期收集水文资料，为防汛抗旱、水资源开发利用和水环境保护提供科学依据，促进经济社会可持续发展。现监测项目：水温、水位、雨量、流量、报汛及洪水预报等。

水韵遗珠

长相思

〔宋〕林　升

和风熏，杨柳轻。郁郁青山江水平，笑语满香径。
思往事，望繁星。人倚断桥云西行，月影醉柔情。

井泉涌泽

钱塘第一井

吴越国水利建设的实物见证

吴山横亘城中央，左右江湖尽襟带。
寒泉迸溢清且甘，发自灵源匪分派。

〔宋〕楼　钥

钱塘第一井　上城区综合行政执法局提供

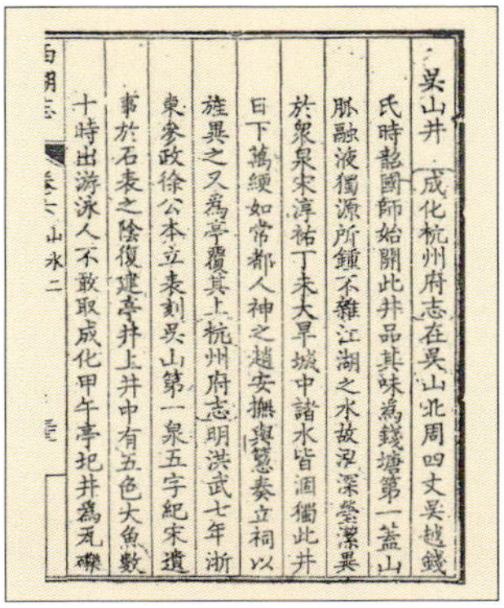
吴山井　成化杭州府志在吴山北周四丈吴越錢
氏時韶國師始闢此井品其味爲錢塘第一蓋山
脉融液獨源所鍾不雜江湖之水故泓深瑩潔異
於衆泉宋淳祐丁未大旱城中諸水皆涸獨此井
日下萬綆如常都人神之趙安撫與𢢾奏立祠以
旌異之又爲亭覆其上杭州府志明洪武七年浙
東參政徐公本立表刻吴山第一泉五字紀宋遺
事於石表之陰復建亭井上井中有五色大魚數
十時出游泳人不敢取成化甲午亭圮井爲瓦礫

西湖志　卷之　山水二

吴山井（清雍正《西湖志》）

钱塘第一井，又名大井，旧名寒泉、吴山井，位于上城区清波街道清河坊社区大井巷22号天井中，为浙江省省级文物保护单位。

该井为五代吴越国师德韶所凿，周长四丈，无盖。宋代吴自牧所著的《梦粱录》曾记载：“钱塘第一井，山脉融液，泉源所钟，不杂江潮之水，遇大旱不涸。”后因常有人落水，南宋绍兴年间（1131—1162）曾被大石板盖住井口，井口只能下水桶，开6眼。南宋理宗淳祐年间（1241—1252）杭州大旱，仅此井未干，遂覆亭其上。明成化《杭州府志》中将其与虎跑泉、龙井、玉泉、郭婆井合称为“杭州之圣水”。据《湖山便览》记载，明洪武七年（1374），参政徐本在井旁立石表刻“吴山第一泉”五字。成化十年（1474），亭遭焚毁，井亦为瓦砾所埋。弘治年间（1488—1505），井眼之木石俱坏，参政周木予以整修，改为5眼。

大井所处外部石库向南开，凹形二层围廊围成天井，井面开5眼，井内径约50厘米，外径60厘米，井沿高50厘米，井深5米。井圈为水泥制，呈六边形，井圈南北面都竖刻“古大井”三字。井壁用条石菱角式砌筑。在石库东侧墙上还嵌着一块青石质“古大井墙界”。大井巷亦以此得名。该井曾是附近居民最主要的饮用水源，大旱期间水位不减，百姓多赖其救济。

钱塘第一井是杭州现存最早的古井之一，是吴越国水利建设重要的实物见证。钱塘第一井是清河坊历史街区的重要组成部分，默默地述说着杭州古代劳动人民兴修水利、改造自然的历史。

相国井

李泌引水开井的历史见证

遗爱长思李邺侯，曾开六井引湖流。

〔清〕陈文述

相国井　杨东摄

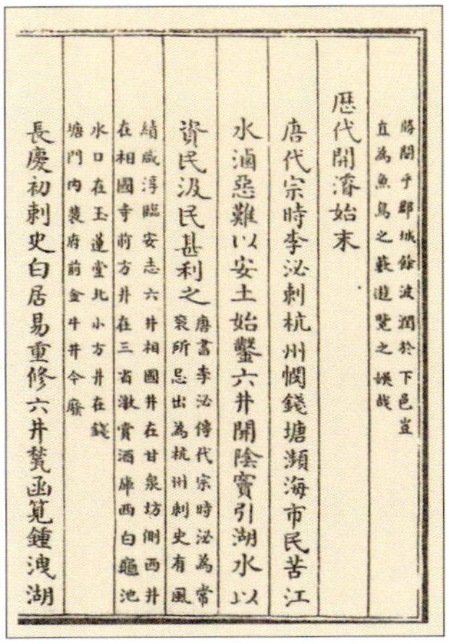
膀閘于郡城餘波潤於下邑豈直為魚鳥之藪遊覽之娛哉

歷代開濬始末

唐代宗時李泌刺杭州憫錢塘瀕海市民苦江水鹵惡難以安土始鑿六井開陰竇引湖水以資民汲民甚利之唐書李泌傳代宗時泌為常袞所忌出為杭州刺史有風績咸淳臨安志六井相國井在甘泉坊側西井在相國寺前方井在三省激賞酒庫西白龜池水口在玉蓮堂北小方井在錢塘門內裝府前金牛井今廢

長慶初刺史白居易重修六井甃函筧鍾洩湖

六井（清乾隆《西湖志纂》）

相国井，位于上城区湖滨街道吴山路社区解放路与浣纱路交叉口，为杭州市市级文物保护单位。

唐建中二年（781），李泌任杭州刺史。初到杭州时，李泌发现杭州城中“居民零落”，人们大多环西湖或依山而居。后经察访，方知杭州城区由浅海湾演变而成，且时遭海水倒灌，地下水咸苦，不能饮用，百姓饮水只能取自西湖或地势较高的山泉水，非常不方便，因此居民不愿在城中居住。

为解决城区居民饮水困难，李泌发动民众自西湖涌金门至钱塘门一带开挖入水口，并在口子上设置水闸，在城区开挖六井作为出水口，水闸与井之间挖掘深沟，沟内砌石槽，石槽中安装引水竹管，然后填平深沟，开启水闸，使西湖水通过竹管流入六井，以供居民饮用。从此，“民足于水，井邑日富”。李泌所建六井，分别为相国井、西井、金牛池、方井、白龟池和小方井。其中，“相国井”为李泌回京拜相后，杭州人为感恩纪念他的功德而命名的。六井是杭州城最早的供水设施，现其余五井已湮没，仅存相国井。

李泌以后，唐长庆年间（821—824），刺史白居易重新疏浚六井。北宋嘉祐年间（1056—1063），沈遘为杭州知州，又一次疏浚六井。苏轼第一次来杭任通判时，于熙宁六年（1073）与知州陈襄一同主持疏浚六井。苏轼第二次来杭，任知州时，以瓦筒盛以石槽底，取代原本的竹管作为地下引水槽，将西湖水引入井中，又在城中增设二井。在其后的南宋时期，引西湖水入城也成为解决杭州用水问题的重要途径。

后来，由于杭州地下水水质变好，人们就地掘井涌出的井水也能饮用，原有六井的功能逐渐减退。到了明代，六井中有四口井坏废，只有相国井和西井还存在。到了清代，相国井和西井也都废弃而被填埋。辛亥革命后，人们在井亭桥畔相国井原址用红砖砌了一个大井栏，留下了相国井的标记。1980 年清理时新建井圈、石栏杆以及碑记。2004 年解放路整治时，重砌汉白玉围栏，并加井盖。相国井井壁以条石菱角式叠砌，井内径约 50 厘米，外径 60 厘米，井沿高 50 厘米，井深 5 米。

相国井是杭州现存为数不多的古井之一，是杭州城市发展演变的重要实物见证。

钱王井

历久不涸的吴越绝唱

休哉吴越王，凿井泽愈普。
井有九十九，未能成仆数。
后人难名称，遂将成数举。
巍巍建宝坊，高似宫墙树。
往来提汲人，到此相与语。
缅怀钱氏功，心感铭肺腑。
吁嗟井与坊，遗惠留千古。

张缵周

钱王井　沈伟坚摄

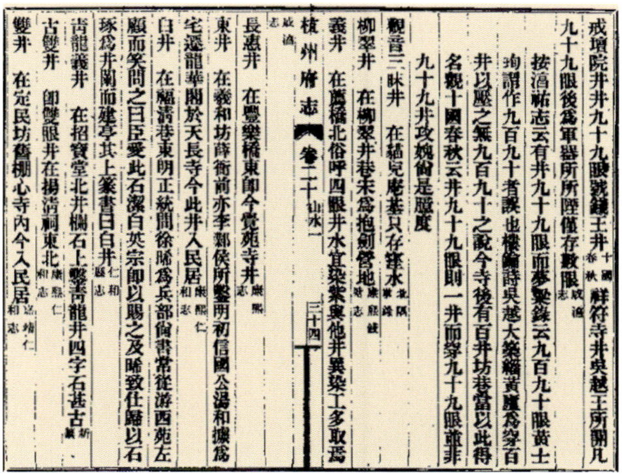
戒壇院井井九十九眼號錢王井十國春秋 祥符寺井吳越王所開凡九十九眼後爲軍器所所湮僅存數眼咸淳志 按淳祐志云有井九十九眼而夢粱錄云九百九十眼黃士珣謂作九百九十者誤也樓鑰詩吳越大築縮黃廬爲穿百井以壓之氣九百九十之說今寺後有百井坊巷當以此得名觀十國春秋云井九十九眼則一井而穿九十九眼者非九十九井攻媿倘是臆度

觀音三昧井 在貓兒庵巷只存鐘水北隅掌錄

柳翠井 在柳翠井巷宋爲抱劍營地康熙錢塘志

義井 在薦橋北俗呼四眼井水宜染紫與他井異染工多取爲

杭州府志 卷二十 山水一 三十四

咸淳志

長惠井 在豐樂橋東即今覺苑寺井康熙志

東井 在義和坊薛衙前亦李鄴侯所鑿明初信國公湯和擴爲宅遂龍華閣於天長寺今此井入民居康熙仁和志

白井 在福清巷東明正統間徐晞爲兵部尚書常從游西苑左顧而笑問之曰臣愛此石潔白英宗即以賜之及晞致仕歸以石琢爲井闌而建亭其上篆書曰白井仁和縣志

青龍義井 在招寶堂北井欄石上鑿青龍井四字石甚古新城

古雙井 即雙眼井在揚清祠東北康熙仁和志

雙井 在定民坊舊棚心寺內今入民居嘉靖仁和志

钱王井（清光绪《杭州府志》）

一口水井，就是一双城市的眼睛。这是杭州特有的水井文化和独特的市井风俗，也是历史留给杭州的宝贵财富。

“古者穿地取水，以瓶引汲，谓之为井。”在杭州百井坊巷里，曾遍布着近百口水井，至今仍有数井留存，而其中最著名的就是五代钱镠修建的钱王井。

钱王井位于拱墅区武林街道延安路，杭州市科技交流馆前人行道上，是杭州市市级文保点。现钱王井所在地宋时邻祥符寺，亦称为祥符井。后世则因附近坊巷井数近百，把该地称作“百井坊”。

《说杭州》中有记载：“钱王井在城内祥符桥北，亦称祥符寺井。相传吴越钱王曾开井于此，凡九十九眼。今其地曰百井坊巷，以成数言之也。”宋室定都临安后，祥符寺作为御前军的军器所，井多被湮塞。《龙兴寺志》记载：“元时钱王井尚存九口，清康熙时井存者三，同治十二年挑浚钱王井，甃石四围筑就土墙。”后来，另外两口井也被填埋。此井水源充足，虽大旱而不涸，民国二十三年（1934）、1979 年两次大旱，其他井皆干涸断水，独钱王井水旺如昔。

1984 年，杭州市下城区政府重修疏浚，立碑保护。现钱王井深 7 米，内壁直径 0.9 米。井圈为青石材质，圆形，外径 55 厘米，内径 38 厘米，高度约 50 厘米，井壁用块石菱形垒砌。井被铁架罩住，又有护栏保护，供游客参观。2013 年，结合延安路综合整治，在古井边设置汉白玉围栏，加装青石板底座。

千百年来，钱王井历经千年风霜，虽仅存其一，但如历久不涸的吴越绝唱，静静地守护着城市的繁华，成为武林商圈中引人注目的人文景观和城市涅槃的见证者。

郭璞井

康熙曾汲此井供茶水

势若长虹遮落日，运河对岸几浮沉。
郭璞井里求方术，古弄堂中探院门。

佚　名

郭璞井　董海龙摄

郭璞井　董海龙摄

郭璞井，位于临平塘栖镇西小河社区西石塘街，广济桥东南约 10 米处。此井用 30 余厘米厚的条石砌筑，层层交错叠砌，俯视呈八角形，直径约 2 米。井有双眼，每眼内径 0.4 米。

坊间传云郭璞[①]某年路过塘栖，恰逢大旱，为拯饥救溺，他探勘方位，选址于运河南岸东庑三郎祠庙前之空地，打通水井，连接地下水脉，水位竟高于塘河水位约六尺，井水甘醇。百姓感恩不已，故以郭璞井名之，永矢弗谖。

清代王同《唐栖志》载："郭璞井在长桥利济侯庙东庑，三郎祠座前，谬托景纯遗迹，称郭璞井。双窦可设辘轳，三伏不涸，味甘冽冠诸井。康熙己巳二月九日，圣祖仁皇帝南巡，驻跸镇西，命汲此井以供茶水。乾隆间里人卓晁书'郭璞古井'额于上。道光间重浚，里人徐晟镌'汲古'二字于砖嵌诸壁。"

后因年久失修，匾石俱废。民国时，里人劳少麟发起建设新市场，施工中掘得郭璞建井石碑两块，方知古井旧址，乃置木栅门予以保护。时间一长，此井又废。2002 年，塘栖镇政府对该井进行了修复，清理出了大量的淤泥，重设了井台和井圈，并立了井名碑，碑阴为简介。2009 年，郭璞井被列入杭州市市级文物保护单位。

① 郭璞（276—324），字景纯，河东闻喜（今属山西）人，东晋文学家、训诂学家。郭璞自少博学多识，又喜阴阳卜筮之术。永嘉之乱时，避乱南下，被宣城太守殷祐及王导征辟为参军。晋元帝时拜著作佐郎，与王隐共撰《晋史》。后为大将军王敦记室参军，以卜筮不吉劝阻王敦谋反而遇害。王敦之乱平定后，追赠弘农太守。宋徽宗时追封闻喜伯，元顺帝时加封灵应侯。郭璞好古文、奇字，精天文、历算、卜筮，长于赋文，尤以"游仙诗"名重当世。

婆留井

时有长虹贯青冥

旧日婆留井未堙，石阑苔藓上龙文。
而今率土俱臣妾，莫愿皇天产异人。

〔元〕张 昱

婆留井　临安区农业农村局提供

婆留井碑刻　临安区农业农村局提供

我们跟随元代一笑居士张昱的诗来到功臣山访古，从功臣塔往南走，一路上绿树成荫，鸟虫作响，到了白山村，一口古迹斑斑的井便映入眼帘。

井位于临安区锦城街道锦桥社区功臣寺遗址内，始建于唐代。呈八边形，井圈石筑，直径 1.2 米，边长 0.53 米，高 0.75 米，厚 0.10 米。其中井壁为圆形，由青砖砌成，直径 2 米左右，井深约 4 米，主要为当时的百姓提供生活用水。

带着岁月痕迹的井大多承载着历史，婆留井，千年前因一位善良老婆婆的善举，被传为佳话。宣统《临安县志》载："武肃王初生时有异相，弃井中，婆奋留之，故乳名婆留。"故事说的是唐大中六年（852），临安石镜镇钱坞垄有名钱宽者，其妻产子之时，家中红光炫目且闻兵马之声，钱宽把子视为不祥之物，欲投子于井，这时，孩子阿婆挺身拦阻，在井口留住了这孩子的性命。为感恩阿婆的救命之恩，孩子的乳名就叫"婆留"，井亦名之"婆留井"。钱婆留长大后，觉得名字太土，但感念阿婆的恩情，又弃之不忍，便自作主张，保留钱婆留的"留"字读音，把大名更改为"镠"。后，钱镠励精图治，于唐末乱世之时为江浙地方发展作出了巨大贡献，终成吴越国一代明主。

《婆留井铭》中罗隐写道："于惟此井，渟育坎灵。有莘有邰，实此储英。时有长虹，上贯青冥。是惟王气，宅相先征。爰启霸王，奠绥苍氓。沛膏渐泽，配德东溟。”意思是：正是这口水井，浇灌滋润着生灵百姓，这块圣土，在此孕育出一代英杰。水井中常有长虹贯天，直上青天苍冥。钱氏称雄吴越的王气，早就在钱氏宅院里显示征兆了，果然诞育了霸主，安定了苍生。钱王恩泽浩荡，所建立的功德简直如东海一样博大无量。

婆留井原遗址在“文革”中被毁坏，后在1983年与功臣塔同时修复，重新立碑。

至于婆留井的价值，它是省内尚存不多且保存完好的唐代砖石构筑物。功臣寺建筑遗址（含婆留井）是江南地区首次发现的较为完整的唐、五代时期建筑遗址，它的发现以实物遗存的方式印证了史料中关于钱镠的记载，对研究吴越时期的建筑风格和建筑形式有着十分重要的作用。

2005年3月，浙江省人民政府公布功臣寺遗址（含婆留井）为第五批省级文物保护单位。2013年3月，国务院公布第七批全国重点文物保护单位，将功臣寺遗址（含婆留井）并入功臣塔合并称为“功臣塔及功臣寺遗址”。

功臣山下婆留井，逸闻衣锦街巷传。千年前，钱镠从婆留井，从锦溪之畔走向更广阔的天地，缔造了“一剑霜寒十四州”的宏图伟业，如今，婆留井仍在，承载着千年吴越文化，滋润着这片美丽丰饶的土地。

龙井泉

十里泉声上翠微

腥攒石缝瀑花多，还有龙神蛰此窠。
通海浅深山不语，随潮长落水无波。

〔宋〕董嗣杲

龙井泉　潘倩摄

龙井泉（摄于 1929 年前）

“秀翠名湖，游目频来过溪处；腴含古井，怡情正及采茶时。”当我们追寻千古风流一帝乾隆的诗文，来到风景秀丽的风篁岭时，一口古井跃然映入眼帘。

龙井泉，即龙井，相传始筑于三国时期，井呈圆弧形，圈内径 2.4 米，外径 2.7 米，井圈石筑，透雕云纹。井深 2.6 米，井水清澈甘洌，终年不涸。

林樾幽古，山麓深沉，流泉淙淙，满山空翠之色，泠泠欲滴。这是乾隆偏爱的龙井圣地，也是诸多文人墨客青睐的人文佳地。

乾隆皇帝六下江南，四次到龙井，先后四次御题《龙井八咏》，一景一咏，32 篇诗作饱含了乾隆对龙井的款款深情。相传，苏东坡有咏龙井泉诗曰：“人言山佳水亦佳，下有万古蛟龙潭。”

北宋秦观在《龙井记》中说道：“惟此地蟠幽而居阳，内无靡丽之诱以散越其精，外无豪悍之胁以亏疏其气，故岭之左右大率多泉，龙井其尤者也。夫蓄之深者发之远，其养也不苟，则其施也无穷；龙井之德，盖有至于道者，则其为神物之托也，亦奚疑哉！”

说起龙井之德，还有一段有趣的故事。据明代田汝成撰《西湖游览志》记述，“龙井，本名龙泓，吴赤乌中，葛稚川炼丹于此”。葛稚川即东晋葛洪，此或为

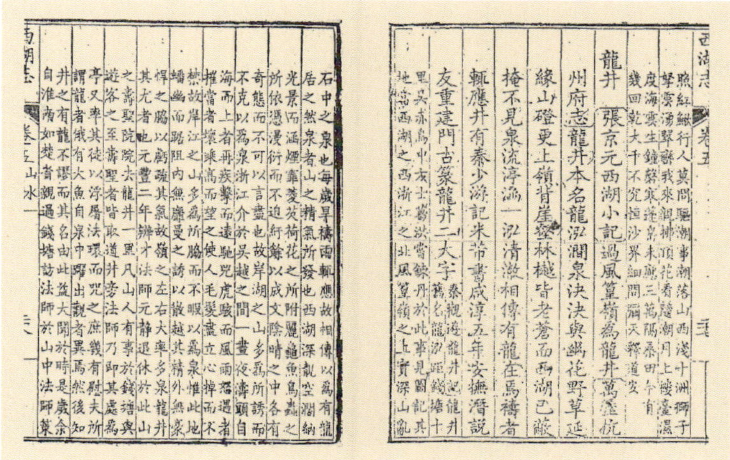

龍井 張京元西湖小記 過風篁嶺為龍井 萬歷杭州府志 龍井本名龍泓 潤泉決決與幽花野草延緣山磴更上嶺背崖巒林樾皆老蒼而西湖已蔽掩不見泉流渟滀一泓清澈相傳有龍在焉禱者輒應井有秦少游記米芾書咸淳五年安撫潛說友重建門古篆龍井二大字 秦觀海龍井記 龍井舊名龍泓 距錢塘十里 吴赤烏中方士葛洪嘗鍊丹於此 事見圖記 其地當西湖之西浙江之北風篁嶺之上實深山亂

龙井（清雍正《西湖志》）

葛玄。明代，有人曾在井口发现一片“投书简”，上面刻有东吴赤乌年间向“水府龙神”祈雨的告文。可见，龙井泉闻名于世已有一千七八百年的历史了。

无独有偶，民间传说亦是新奇。相传很久很久以前，杭州城内连年大旱，一片荒凉，百姓水深火热。龙井泉与江海相通，有蛟龙居其中，善济贫祛恶。面对百姓虔诚的祈祷，蛟龙悄悄地溜出龙宫，准备通过钱塘江口将水送上杭州风篁岭，以救百姓之急。

可是，还没等水送到杭州，蛟龙就被龙王派出的兵将抓了回去，关进了扎根于海底的铁牢之中。蛟龙用龙爪从牢底开始朝杭州风篁岭方向不停地挖掘引水。终于，清澈的泉水从地下通道源源不断地涌出洞口。

泉水叮咚。从此，风篁岭上这眼清冽甘甜、终年不涸的甘泉，孕育了杭州一带的人间天堂美景。而此泉也被命名为“龙井泉”。

狮峰山下十八涧，烟雨江南草木青。古今吟咏留千古，叩问龙井一段情。如今，龙井泉已被列为杭州市市级文物保护单位，而乾隆的款款深情和文人墨客的殷殷期盼，将化作蓬莱仙阁的相思雨，惊艳了年华，浓郁了文脉，流传千古，经久不衰。

龙井泉石刻　潘倩摄

虎跑泉

天下第三泉

涧阿怪树龙新抉，石罅灵泉虎旧跑。
空翠蒙蒙如坠露，涌珠汩汩遽成泡。

〔明〕高得旸

虎跑泉 潘倩摄

虎跑老照片

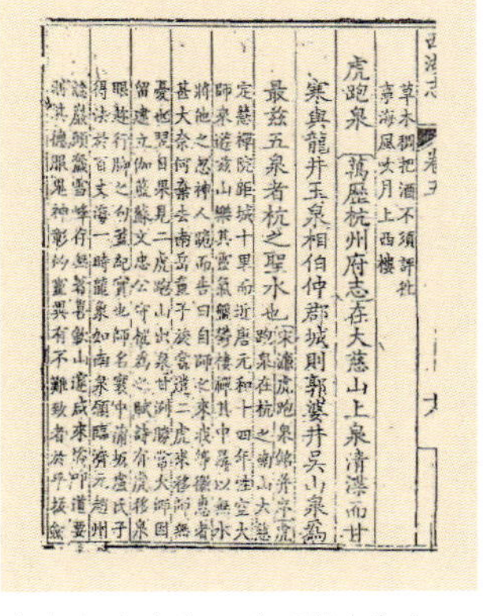
草木桐把酒不須評社
亭海風吹月上西樓
虎跑泉　萬歷杭州府志在大慈山上泉清澪而甘
寒與龍井玉泉相伯仲郡城則郭婆井吴山泉爲
最兹五泉者杭之聖水也

虎跑泉（清雍正《西湖志》）

龙井茶、虎跑水，这是杭州的名片。而这清洌甘甜的虎跑水来自全国三大名泉之一的虎跑泉。虎跑泉位于杭州西湖西南的大慈山山脚下，风景秀丽的虎跑公园内。

说起虎跑泉的来历，还有一个饶有兴味的传说。相传，唐元和十四年（819），高僧性空大师来此，喜欢这里风景灵秀，便住了下来。后来，因为附近没有水源，他准备迁往别处，一夜忽然梦见神人告诉他："南岳有一童子泉，当遣二虎将其搬到这里来。"第二天，他果然看见二虎跑地作地穴，清澈的泉水随即涌出，故名为"虎跑泉"。

虎跑泉原有三口井，后合为二池。泉水晶莹甘洌，水质居西湖诸泉之首，被誉为"天下第三泉"。大池为泉眼，清澈明净的泉水，从山岩间汩汩涌出。泉前有一方小池，四周环以石栏，池中

虎跑泉（清乾隆《南巡盛典》附图）

叠置山石，傍以苍松，间以花卉，宛若盆景。泉后壁刻的“虎跑泉”三个大字是西蜀书法家谭道一手迹，苍劲有力。走近虎跑泉，一股冰凉的清泉便在脚下发出丝弦般的声响，酷似滴珠落盘的琵琶乐曲。

虎跑梦泉水清涟，直引诗情到碧霄。从听泉、观泉、品泉、试泉直到梦泉，诗人们沉迷于绘声绘色、神幻自得的美妙境界。苏东坡有诗云：“虎移泉眼趁行脚，龙作浪花供抚掌。至今游人灌濯罢，卧听空阶环玦响。故知此老如此泉，莫作人间去来想。”清人黄景仁在《虎跑泉》中感慨道：“至今鸣弦声，淙淙碧岩里。青蒲偃其旁，绿萝影其底。但啜泉味佳，其人可知矣。一弹幽涧音，再鼓松风起。”就连康熙、乾隆也曾多次游玩虎跑，对虎跑泉偏爱有加。

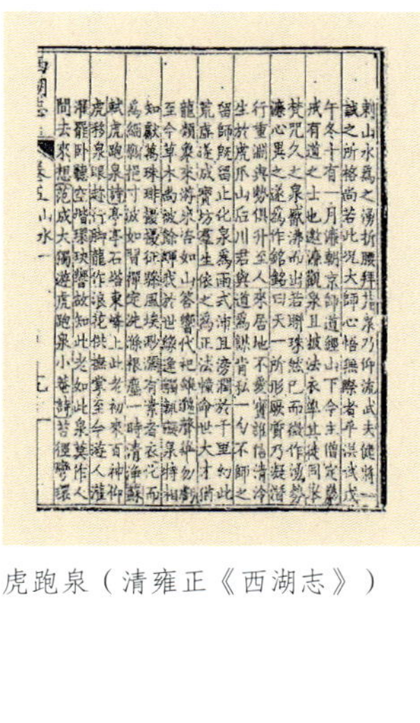

虎跑泉（清雍正《西湖志》）

陆羽泉

『茶圣』烹茶的清泉

甃石封苔百尺深，试茶尝味少知音。
唯余半夜泉中月，留得先生一片心。

〔宋〕王禹偁

陆羽泉　沈伟坚摄

陆羽泉　沈伟坚摄

陆羽泉，俗称陆家井，位于余杭区径山镇双溪陆羽泉公园内，为杭州市市级文物保护单位。陆羽泉平面呈长方形，通池卵石砌成，南宽 2 米，北宽 1.1 米，东西长 3.5 米，泉北平铺石板，南边泉底用石板砌出井形方眼。水质甘洌，不涸不溢。

陆羽，21 岁起游历考察茶叶产地 32 州，为研究茶叶种植、焙制、烹饮收集大量资料。唐上元元年（760），隐居苕溪畔，从事茶事研究、著述，写出世界上第一部关于茶的专门著作《茶经》。作品问世后，影响所及，茶事大盛。大约于贞元二十年（804）病逝，葬湖州杼山。被后人尊为“茶圣”，祀为“茶神”。

陆羽隐居苕溪期间，访茶寻泉至天目山，其达北天目径山北麓“双溪”时，见天目四岭之水常年流经两溪，汇成苕溪源头，溪水清澈见底，周围山清水秀，土壤肥沃，是植茶佳地，便就地采摘野生茶籽，教村叟播种，并在山下溪畔结庐著书。陆羽舍旁有一泓清泉，汲来烹茶，细品各地名茶，是为陆羽泉。如今茅庐无存，泉清依旧。当时陆羽采籽播种的地方，当地称为“茶籽坞”。

1990 年，余杭县政府拨款对陆羽泉进行清理，在四周加筑围墙，并请沙孟海题“陆羽泉”三字镌于石上。2002 年，陆羽泉主题公园竣工，占地面积 1.1 公顷，增添茶文化陈列馆、苕溪草堂、茶经碑廊、陆羽铜像、陆羽亭等景观。2020 年，在陆羽泉的基础上重新打造园林化的茶文化胜地。

拱宸桥

京杭大运河最南端地标

卄丈环桥首拱宸，追怀摸石动酸呻。
叮咛去楫来桡客，慎守金缄效吉人。

〔清〕丁　丙

拱宸桥　杭州市京杭运河（杭州段）综合保护中心提供

拱宸桥（1929年）

拱宸桥位于杭州市拱墅区拱宸桥街道桥西社区京杭大运河上，东接丽水路连台州路，西接桥弄街连小河路。

拱宸桥始建于明崇祯四年（1631），东西横跨大运河，是杭州城区最大的一座石拱桥，也是京杭大运河到杭州的终点标志，同时还是拱宸桥地区的标志性建筑物。《论语·为政》曰："为政以德，譬如北辰，居其所而众星共之"，取名"拱宸桥"。后来，康熙、乾隆皇帝下江南，民间演变成为拱宸桥是为恭迎皇帝而建造的了。

拱宸桥建成后，中间几经兴废。清顺治八年（1651），桥身曾坍塌；康熙五十三年（1714），由浙江布政使段志熙倡率捐筑，云林寺的慧辂竭力捐募款项相助。雍正四年（1726），右副都御史李卫率属捐俸重修，把桥加厚两尺，加宽两尺，并作《重建拱宸桥记》。同治二年（1863）秋，左宗棠率湘军及"常捷军"向杭城的太平军猛攻，由于拱宸桥桥心设有太平军堡垒，经历战火，桥再次濒临倒塌。光绪十一年（1885），杭人丁丙主持重修。19世纪末杭州开埠后，日本人在拱宸桥桥面中间铺筑2.7米宽的混凝土斜面，以通汽车和人力车。中华人民共和国成立后，杭州市人民政府规定禁止通行机动车。2005年，拱宸桥进行了大修；2006年，杭州运河集团又将长3米、重2吨的护桥石更换。古老的拱宸桥，以更坚强的形象，横跨在运河上。

拱宸桥为三孔石拱桥，东西向横跨大运河，总长92.1米，中孔高9.2米。桥梁面积为543.39平方米，为三孔驼峰薄拱薄墩联孔石拱桥。拱券为纵联分节并列法砌筑。桥墩自下而上逐层收

拱宸桥（拍摄于1917—1919年，杭州）（甘博：《甘博摄影集》，浙江人民美术出版社2018年版）

分。桥面呈弧形，两端为踏跺，两侧以素面石栏板及望柱围护，望柱头多雕仰莲。桥身用条石错缝砌筑。桥面东、西两端较之中部宽，两侧桥坡以约 1∶4 的坡度与河岸相接。桥下运河航运繁忙，为避免船撞，设置了四个防撞墩，上雕避水神兽，名为趴蝮——中国古代神话中龙生九子之一。桥东端北侧建有八角重檐桥亭一座，亭上有楹联："拱以迎宸，湖山信美；富而好礼，气象日新。"

拱宸桥是京杭大运河到杭州的终点标志，也是该地区经济、文化的历史见证。该桥是江南地区三孔薄拱薄墩联孔拱桥的典型代表，合理的结构和精湛的构造技术使这座杭城体量最大的石拱桥在京杭大运河的南端大放异彩。2013 年，被列入全国重点文物保护单位；2014 年 6 月，随着大运河申遗成功，拱宸桥作为遗产点正式成为世界文化遗产的一部分。

广济桥

京杭大运河上仅存的一座七孔石拱桥

飞虹远挂碧天桥，几曲溪流入市遥。

〔清〕吕　律

广济桥　张平摄

广济桥夜景　刘柏良摄

广济桥位于临平区塘栖镇水北社区，南北方向横架于京杭大运河上，原名通济桥，一名碧天桥，俗名长桥，清代改名为广济桥。广济桥是全国重点文物保护单位，也是世界文化遗产中国大运河的遗产点。

广济桥桥长 78.7 米，桥堍宽 9 米，中宽 5.24 米，七孔，条石砌筑石拱桥，中孔跨径 15.8 米。桥两侧建有石阶，共 160 级。拱券采用纵联并列分节法砌筑，中间大石拱跨度 15.8 米，南北各 3 个对称石拱，跨度依次递减。石栏素面，桥栏饰有卷云抱鼓石，又有望柱六十四，上刻覆莲，顶拱镌有“弘治二年”字样。

广济桥始建年代不详，已无从考证，民间传说桥建成于唐代宝历年间（825—826）。到了明弘治年间（1488—1505），桥塌，百姓来往均靠摆渡，每逢风高浪急，总有人落水遇难。此时，宁波义士陈守清挺身而出，筹资建桥。因所需资金甚巨，故陈守清便搭乘便船至京城，以铁链束缚自身向来往官民募捐。此事惊动了官府，太后、太子纷纷助金赐银，朝廷命官也纷纷解囊，使陈守清募得巨款，历时 9 年，终于建成了这座七孔长桥。

清光绪《唐栖志》载，“通济长桥在唐栖镇，弘治二年（1489）建”，又“弘治间鄞人陈守清募建，桥计七洞。嘉靖庚寅（1530）桥裂，里人吕一素捐金修。

广济桥　顾越摄

丁酉（1537），复舍金重修。万历癸未（1583）、天启丁卯（1627）及清康熙乙巳（1665）屡圮屡葺，辛卯（1711）北堍又圮，吴山海会寺僧朱皈一与如意庵僧大生募建，甲午（1714）十月竣工。”

20 世纪 80 年代末，发展经济而勃兴的运河水运，因这座桥而严重受阻。广济桥是“保”还是“拆”的争议曾延续了好几年，后浙江省政府投资开通运河复线，广济桥段的运河封航，使广济桥免受繁重航行压力，古桥得以保护。

广济桥的兴筑沟通了南北水陆要道，四方商贾云集，繁荣发展，明末清初，塘栖镇被列为江南十大名镇之一。清康熙皇帝六次南巡，三次曾过此桥。历代文人墨客钟爱广济桥，吟诗填词颇多。清代文人朱麟有《碧天桥》一诗：“虹桥

矗鳌柱，呼吸通座侧。灏气通星辰，水天长一色。”我国现代散文家、诗人俞平伯 1955 年从北京回故乡途经塘栖广济桥时心情激动，诗意萌发，作有《一九九五年南归杂咏》诗：“浮家一舸苏杭道，纨绮年光笑耍多。重过长桥风景似，独将华发愧春波。”

广济桥势如长虹，造型秀丽，是京杭大运河上仅存的一座七孔石拱桥。广济桥见证了塘栖经济、社会的复兴与繁荣，见证了塘栖城市的发展与百姓生活的变迁。它历经 500 余年仍雄踞京杭大运河之上，成为历史沧桑的真实见证，连同江南的富庶、繁盛，和着桨声、船夫号子声写进了京杭大运河的兴旺漕运史中。

通济桥

科学巧妙的泄洪设计

跋屐溪桥一望中，青山绿水景无穷。

〔宋〕陈若虚

通济桥　韩清摄

桥中仿古亭　陈斌摄

通济桥，位于余杭区余杭街道通济社区，南北向跨南苕溪，为浙江省省级文物保护单位。

该桥为三孔石拱桥，桥长 50 米，高 9.6 米，宽 8.8 米，拱券采用纵联并列分节砌置法，呈近半圆形，中孔跨径 15.4 米，左右两孔各 12.6 米。两桥墩迎水面各筑有分水尖，高 3.87 米，长 5.35 米，宽 2.1 米，上方有佛龛形溢洪券洞，净跨 3 米，高 3.1 米。此桥设计科学，布局合理，造型优美，气势雄伟。分水尖的设置可减少水流对桥墩的冲击，墩上小孔减轻了桥体自重，在洪水时可增大流水面积，起到泄洪作用，这些都有利于保护桥梁。数百年来它经受了无数次的洪水冲击，仍巍然屹立。据说，明代陈天贵修筑的南湖五亩塍滚坝的高度就与这个溢洪券洞齐高，当洪水上涨至桥的溢洪券洞时，南湖囤水就会自动翻越滚坝，泄出湖外。

据清雍正《浙江通志》记载，通济桥始建于东汉熹平四年（175），名隆兴。五代吴越期间（907—978）钱武肃王重建，改名安镇。南宋绍兴十二年（1142）复建，以木为梁，始名通济。元至正十八年（1358），山寇焚桥。明洪武元年（1368）重建，通易以石。正统年间（1436—1449），县丞邱熙岳在桥面两侧加石质护栏。清康熙五年（1666），知县宋士吉重修，乾隆二十二年（1757），邑人宋文瑞重修。乾隆年间（1736—1795），建市屋于桥面两侧，租赁收入捐资兴学。教谕任昌运曾作《通济桥》诗："通济桥跨大溪上，小店多开桥上头。一路篮舆行地稳，不知鳌背驾层楼。"嘉庆元年（1796），分水尖被洪水冲毁，重甃巩固。1937 年 12 月 24 日，桥上市屋被侵华日军焚毁，桥面被破坏。

中华人民共和国成立后，为保护古桥，政府多次进行修缮。1957 年，桥面两侧增建砌砖护栏。1984 年，对桥基进行加固，桥墩四周加钢筋混凝土拓宽的护墩以防撞，桥面加铺水泥，两侧做成水泥踏阶，设置石质装饰桥栏，望柱上雕刻栩栩如生的石狮子；并立碑桥堍，简记桥的历史。

因通济桥上下游河道窄小，为使汛期时苕溪洪水顺畅通过，确保古桥和堤防安全，2002 年实施退堤扩孔工程。扩孔工程仿老桥式样，向南端增设三孔石拱桥，净跨共 33 米，中孔 13 米，左右孔各为 10 米。新老桥间设 10 米宽分隔墩，桥面上建有飞檐翘角、青瓦朱栏的亭台。新老桥梁浑然一体，恢宏壮观，英姿焕发。左岸堤防退堤 1 千米，沿岸建有长廊，环境优美，已成为人们游览休闲的场所。

古老的大桥默默地横亘在苕溪上，为后人诉说着古往今来的一切沧桑。这里曾走过许多文人墨客，白居易、王安石、苏轼、柳永……他们目睹了大桥的雄姿，饱览了苕溪两岸的风光，留下了许多赞美余杭的诗篇。

如今的通济桥，双虹卧波，亭阁翼然，长廊似带，古迹如旧，成为古镇一道亮丽的新风景。

恩波桥

浙水东去第一桥

浙江逶迤向东来，千里平铺鸭头绿。
老夫作官从此游，恩波阁道如虹浮。

〔宋〕陈延龄

恩波桥　何建伟摄

恩波桥　富阳区农业农村局提供

恩波桥位于富阳区富春路西端，东西向横跨苋浦，为浙江省省级文物保护单位。

该桥为三孔石拱桥，长 57 米，宽 6 米，中孔跨径 18.4 米，两边孔跨径 15.3 米。桥墩因上游水流冲刷，下游受钱塘江海潮影响，故两头均砌成分水尖形式，减少水流冲击。两桥墩上设有圆弧形小孔，跨径 2.4 米，用以泄洪。中孔桥两侧拱肩上各雕刻有 2 只吸水兽。桥面用长方形青石错缝铺设，两侧设大块条石护栏，间隔望柱，望柱柱头雕刻睡莲、莲蓬、芙蓉等 20 对，形态各异，桥中间望柱雕刻小石狮 2 对。拱顶护栏石外侧有镌刻行书“恩波桥”三字题额。

据清光绪《富阳县志》记载，恩波桥原系木桥，名苋浦。北宋太平兴国九年（984）圮，治平二年（1065），邑人孙道长重建，改名通济。南宋绍兴四年（1134），县令王袞重建，更名惠政。五年（1135），毁于洪水。庆元二年（1196），邑人谢震募捐重建，复名通济。嘉定年间（1208—1224），县令程珌于通济桥下放生，百姓纷纷相效，鱼摇尾掀波似威恩再生，由此改名恩波。元至正十四年（1354），桥圮。明洪武六年（1373），邑人姚福禄捐募造桥，在桥上置廊屋十七间。嘉靖四十四年（1565），县令施阳得改建为石拱桥，整固宏壮，左右夹以石栏，为一县之冠。清顺治十六年（1659），县令朱永盛重修，清康熙年间（1662—1722），

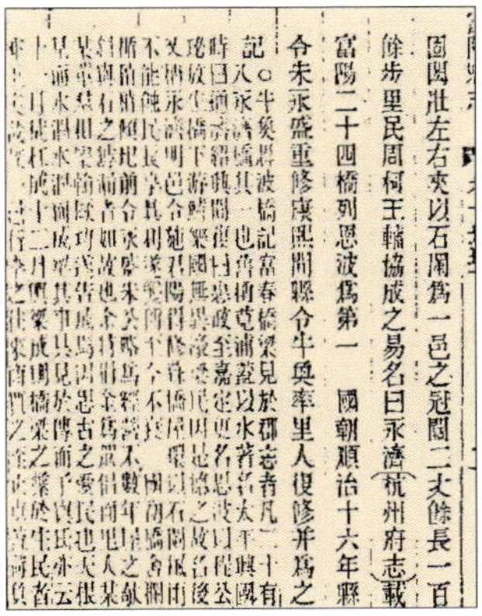

圜闠泄左右夾以石闌爲一邑之冠闊二丈餘長一百餘步里民周柯王輸協成之易名曰永濟（杭州府志載富陽二十四橋列恩波爲第一） 國朝順治十六年縣令朱永盛重修康熙間縣令牛奐率里人復修并爲之記

恩波桥

县令牛奂率人复修。日军侵占富阳，不惜通车过桥。1946 年 1 月，为保护此桥，凡车经过，居民群起拦阻。中华人民共和国成立后，历多次修葺，恢复原貌。

恩波桥位于苋浦河入富春江交汇处，“新雨初霁，船过桥下，雨滴蓬窗不住；入夜则淅沥声更爽耳也”。桥附近的苋浦河段，则是一个理想的船舶停泊处，“孤云天外缥缈，岸柳垂丝袅山月。起看桅樯，都聚此江表”。这就是春江八景中的“恩波夜雨”“苋浦归帆”。

清代陈子澜《恩波桥诗》云：“山水绕城春作涨，江涛入海夜通潮。”由此可见古时涌潮可逆流而上，到达富阳恩波桥。为了更好地观潮，宋代，富阳石头山（今鹳山）还曾设观涛所，足以说明涌潮是能到富阳的。2021 年 9 月 22 日发布的《2021 钱塘江潮涌科考报告》，证实了钱塘江涌潮消亡点在富阳东洲岛和五丰岛之间。

古老的恩波桥见证着这座城每一次的脉动，敞开坚实的怀抱迎接每一个变迁。承载着独特的富春印象、恒久的富春记忆、厚重的富春文脉、珍贵的富春收藏，恩波桥已然与一江碧水融为一体，成为富阳现代版的新富春山居图的标识之一。

钱塘江大桥

中国自行设计建造的第一座双层铁路公路两用桥

斗地风云今变色，炸桥挥泪断通途。
五行缺火真来火，不复原桥不丈夫。

茅以升

钱塘江大桥　杨东摄

钱塘江大桥建设现场 钱塘江大桥纪念馆提供

钱塘江大桥位于杭州市西湖之南，六和塔附近的钱塘江上，由中国桥梁专家茅以升主持全部结构设计，是中国自行设计、建造的第一座双层铁路、公路两用桥。

大桥全长1453米，分引桥和正桥两个部分。正桥十六孔，桥墩十五座，桥身采用铬铜合金钢的桁梁，钢筋混凝土桥墩。下层铁路桥长1322.1米，宽4.88米，单线行车；上层公路桥长1453米，宽6.1米，双向两车道。

20世纪30年代，正在兴建中的浙赣铁路要与沪杭铁路衔接，需在钱塘江上架设一座大桥。但当时大江大河上的大桥都是外国人建造的，而且在钱塘江上打桩十分困难，有外国工程师甚至断言：能在钱塘江上造大桥的中国工程师还没出世呢！

为了完成建桥重任，茅以升毅然辞去北洋大学教席，担任钱塘江大桥的总设计师、总工程师。1934年11月11日，钱塘江大桥开工兴建，茅以升创造性地采用气压沉箱法掘泥打桩获得成功；1937年9月26日，钱塘江大桥正式建成，第一列火车从大桥上通过；1937年11月17日，第一辆汽车从大桥上驶过。

然而，就在第一辆汽车通过的前一天，茅以升收到了南京政府的命令：如

钱塘江大桥即将建成　钱塘江大桥纪念馆提供

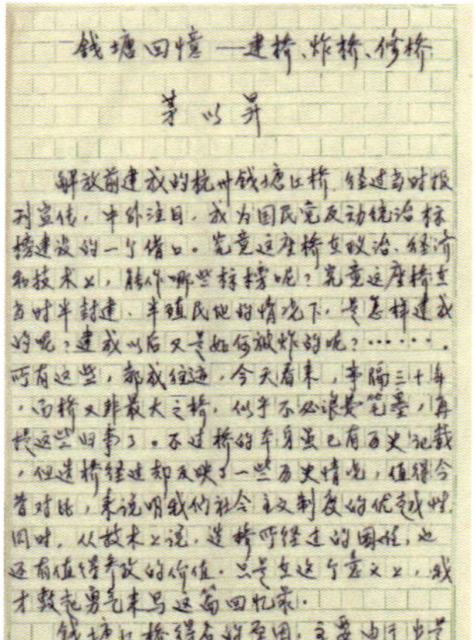

钱塘回忆——建桥、炸桥、修桥

茅以升

解放前建成的杭州钱塘江桥，经过当时报刊宣传，中外注目，成为国民党反动统治标榜建设的一个借口。究竟这座桥在政治、经济和技术上，能作哪些标榜呢？究竟这座桥在当时半封建、半殖民地的情况下，是怎样建成的呢？建成以后又是如何被炸的呢？……所有这些，都成往迹，今天看来，事隔三十年，而桥又非最大之桥，似乎不必浪费笔墨，再提这些旧事了。不过桥的本身虽已有历史记载，但造桥经过却反映了一些历史情况，值得今昔对比，来说明我们社会主义制度的优越性。同时，从技术上说，造桥所经过的困难，也还有值得参考的价值。只是在这个意义上，我才鼓起勇气来写这篇回忆录。

钱塘江桥[illegible]

茅以升《钱塘回忆——建桥、炸桥、修桥》手稿　钱塘江大桥纪念馆提供

果杭州不保，就炸毁钱塘江大桥。深明大义的茅以升沉重地点了点头：“造桥是爱国，炸桥也是爱国！”一语未竟，热泪夺眶而出。当晚，茅以升将钱塘江大桥所有的致命点一一标示出来。整个通宵，100 多根引线，从各个引爆点全部接到南岸的一所房子里。1937 年 12 月 23 日下午 5 点，眼看日寇的铁蹄即将过桥，茅以升亲手点燃了预埋在 14 号桥墩的炸药。大桥炸毁的这一天晚上，茅以升满腔悲愤地在书桌前写下 8 个字：“抗战必胜，此桥必复。”

直到抗战胜利后的 1946 年，茅以升终于接到复桥的命令。此后 7 年，经多次修复，钱塘江大桥于 1953 年再次通车，茅以升当初的誓言终得实现。

1937 年 9 月 26 日，钱塘江大桥建成通车　钱塘江大桥纪念馆提供

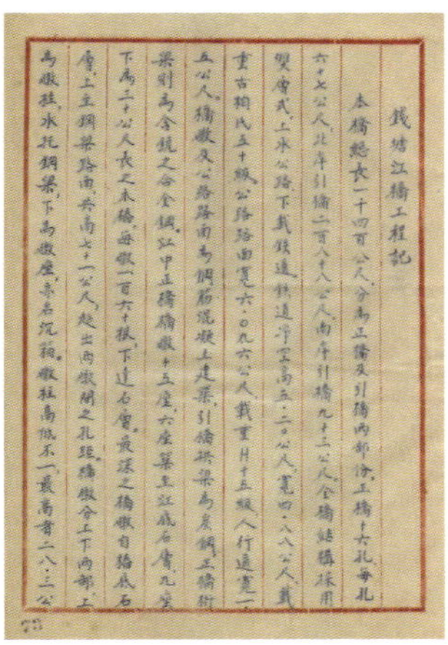

錢塘江橋工程記

本橋總長一千四百公尺，分為正橋及引橋兩部分，正橋十六孔，每孔六十七公尺，北岸引橋二百八十八公尺，南岸引橋九十三公尺，全橋結構採用雙層式，上為公路，下為鐵道，鐵道淨空高五·二○公尺，寬四·八八公尺，載重古柏氏五十級，公路路面寬六·○九六公尺，載重廿五級，人行道寬一·五公尺，橋墩及公路路面為鋼筋混凝土建築，引橋拱梁為炭鋼，正橋桁梁則為含銅之合金鋼，以中正橋橋墩十五座，六座築至江底石層，九座下為三十公尺長之木樁，每墩一百六十根，下達石層，最深之橋墩自橋底石層上至鋼梁路面，共高七十一公尺，超出兩墩間之孔距，橋墩合上下兩部，上為墩柱，承托鋼梁，下為墩座，亦名沉箱，墩柱高低不一，最高者二八·三公

钱江大桥工程记（部分）
钱塘江大桥纪念馆提供

钱塘江大桥从建成至今一直未进行过技术上的大修，2000 年曾进行过一次规模最大的维修，也仅是更换了公路桥的桥面板。时至今日，钱塘江大桥仍发挥着重要的作用，每天有大量汽车、火车从大桥经过。1999 年，杭州建成钱塘江大桥纪念馆。

钱塘江大桥不仅是我国桥梁史上的巨大成就，也是我国铁路桥梁史上一个辉煌的里程碑。2006 年，被列入全国重点文物保护单位。2016 年，钱塘江大桥入选“首批中国 20 世纪建筑遗产”名录。2018 年，钱塘江大桥入选第一批“中国工业遗产保护名录”。

钱塘江大桥，不仅创造了中国桥梁史的众多纪录，而且承载了一座城市的抗战记忆。

水利通判厅遗址

见证运河管理体制变迁

水利通判厅遗址位于临平区，塘栖镇水北社区水北街北侧，东临大运河，为浙江省省级文物保护单位。

清代王同《唐栖志》记载，明嘉靖三十五年（1556）在此设杭州府水利通判厅，主捕盗，兼管水利，明后期亦多从事缉私盐和维护地方治安工

水利通判厅遗址　庞海强摄

乾隆御碑　董海龙摄

作。明末，通判例驻会城，久未驻衙视事，间或有之，只是暂到查点保甲而已。清乾隆十六年（1751），乾隆帝南巡，考查江苏、浙江、安徽三省交纳皇粮情况，查得苏、皖两省积欠额巨，而浙省未予拖欠。为表彰浙省，皇帝大笔一挥，蠲免浙省地丁钱粮三十万两，并将"圣谕"刻石，晓谕官民，即为"乾隆御碑"。御碑原先位于原杭州水利通判厅（添设府）内，民国初，府址被毁，而碑尚存。该碑立于清乾隆十六年正月初二，碑通高 5.4 米，碑身高 3 米，宽 1.2 米，下厚 0.5 米，正文 429 字，款 10 字，四周镌云龙纹，为国内现存最大的御碑。

通判是中国古代的官名之一，多指州府的长官，掌管粮运、家田、水利和诉讼等事项，对州府的最高长官有监察的权力。官制始于宋代，《宋史·职官志》载"宋初惩五代藩镇之弊，乾德初下湖南，始置诸州通判"，通判最早只在荆湖南路各州郡设立，后推行于全国。明代期间为各府的副职，位于知府、同知之下，分掌粮运、水利、屯田、牧马、江海防务等事。清代以后，该官职废除。

水利通判厅遗址是旧时运河沿线一处重要的衙署遗址，反映了运河的航运安全管理制度和机构设置情况，对研究古时运河管理和社会治理体制有重要的价值。

八卦田遗址

千年籍田留『八卦』

宋之籍田，以八卦爻画沟塍，圜布成象，迄今犹然。

〔明〕高濂

八卦田　刘柏良摄

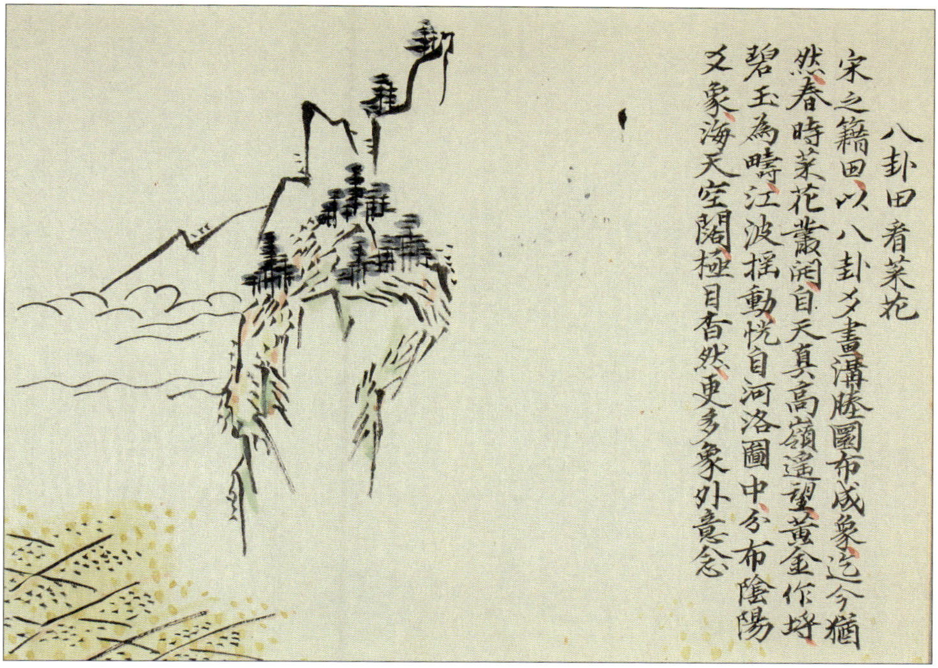

八卦田看菜花（日本早稻田大学藏本高濂《四时幽赏录》）

八卦田位于杭州西湖风景区玉皇山南麓，占地 150 多亩，距今有近千年的历史，为杭州市市级文物保护单位。远远望去，只见河流环抱的土地呈现出正八边形的形状。它被十分整齐地分成 8 个大的板块，里面种着 8 种不同颜色的农作物。

根据史料记载，南宋绍兴十三年（1143）正月，宋高宗赵构为表示对农事的尊重和对丰收的祈祷，采纳了礼部官员的提议，开辟籍田于国都南郊（即目前的八卦田遗址处），在每年春耕开犁时，皇帝亲率文武百官到此行“籍礼”，执犁三推一拨，以祭先农。《西湖游览志》载：“宋籍田，在天龙寺下，中阜规圆，环以沟塍，作八卦状，俗称九宫八卦田，至今不紊。”据考证，当时这里种植的共有九种农作物：大豆、小豆、大麦、小麦、稻、粟（小米）、糯（糯稻）、黍和稷。随着南宋的灭亡，八卦田也

亲耕籍田图壁画　刘柏良摄

就日渐荒废了。到了明代，八卦田由附近的农民耕种，也是一个旅游景点。明代名士高濂曾经写过一篇《八卦田看菜花》,记录了八卦田的美景。明以后，籍田一直作为良田由附近居民耕作。

八卦田中有土丘、田塍、水沟，排列整齐。四周形状如田，中心土丘隆起，其上用植物勾勒阴阳鱼的图案。四周田塍则以植物和阡陌构成，分别象征天、地、雷、风、水、火、山、泽8种自然现象的卦爻图案。周围有水环绕,并有渠道引水灌溉。

如今八卦田遗址经过重新整治后，恢复了当年的风采，也重新种上了各种农作物，不仅可以赏景，同时也是一处农耕文化展示区，成为杭州的著名旅游景点。

“为国之数，务在垦草。”八卦田遗址承载着中华文明古国以农立国的民本思想，更兼有山川、风物、人情之美，为杭州一大胜景。

淳安古县城水下遗址

我国唯一保留完好的水下古城

青溪风物改，次第鉴湖开。
一水浮渠出，群流倒峡来。

〔明〕萧元冈

淳安古县城水下遗址　胡建明摄

淳安古县城水下遗址　胡建明摄

1959年新安江水库建成蓄水后，淳、遂两座古县城，连同县境内海拔108米高程以下的古镇、古村及各种文化遗址一起沉入水底。“西子三千个，群山已失高，峰峦成岛屿，平地卷波涛。”1963年郭沫若来淳安时，面对新安江水库，不由得感慨。

淳安古城，又称贺城。东汉建安十三年(208)，东吴大将贺齐讨伐山越，在歙东叶乡设始新县(淳安最早县名)，歙南武强乡设新定县(遂安最早县名)。建安十四年(209)，贺齐在灵岩山(今龙山)之麓建始新县城，因为贺齐所筑，后世尊称为贺城。唐武德四年(621)，遂安县治由木连村溪北迁至五狮山下，遂安城因此又称狮城。

1958年10月，淳安、遂安合并为淳安县。淳安古城遗址有贺城东湖水下遗址、贺城古渠水下遗址、贺城西湖水下遗址等。遂安古城遗址有狮城陈公堤水下遗址、马沂新墅堰水下遗址。

贺城东湖始筑于明代。明万历十二年(1584)，知县萧元冈浚古渠后，于县城修筑东湖。湖成后赋诗：“青溪风物改，次第鉴湖开。一水浮渠出，群流倒峡来。月明秋浩渺，风细碧潆回。取适弦歌服，解缨一举杯。”东湖有二堤，中有石亭，称砥柱亭。湖面积约64亩，水源来自古渠。明徐楚《东湖砥柱亭碑记》有载。东湖连接古渠，主要用于下游蓄水调控，以灌溉城东农田和周边市民生活用水。

东汉建安时，中郎将贺齐，由郡(县)城西凿渠一道，引西山泉，横贯县城市中心，引入城东。南宋淳熙年间(1174—1189)知县何友直、陈晔，明嘉靖年间(1522—1566)，知县海瑞，均疏浚渠濠。明万历十二年，知县萧元冈又浚古渠，并于县城筑东、西二湖。清代以来，附近居民“瓦砾填渠、几萎其迹”。雍正十三年(1735)五月，贡生邵弘图等再次疏浚城中古渠，“始事于甲辰之夏五，鸠工于乙巳之仲春，居民踊跃趋事，仅匝月而告竣，渠道复新，永遵为规，勒石县治中街太平桥”。民国十八年（1929），因渠道拥塞，县长冯世范亲自踏勘，亲临工地督查施工，疏浚治理，并改明渠为暗渠，在渠上铺设茶园青碧石板条，长 3 米许、宽约 1 米，用石料 2000 余块、总长 500 余米，被称为“冯公街”。该渠总长度约 1000 米以上，源自迈山源头的西坑，经西坑桥流入西湖，再由横贯全城的水渠流入东湖，最后汇入新安江。由于东西两湖的调蓄，可以达到旱时不缺水，涝时无水患的目的。渠岸为石砌，并有闸门、铁栅等设施，冯公街段为暗渠，上有石质盖板。该渠主要用于城内居民用水和灌溉城东农田。

贺城西湖始建于明万历十二年（1584），知县萧元冈浚古渠后，于县城西原雉潭处修筑西湖。湖成后赋诗：“西山泉万斛，驱石聚为湖。雉水长天接，鱼峰倒影孤。垂杨新见绿，浴鹭渐将雏。兀坐虚亭上，泠然见一盂。”后曾淤垦为田，后又疏浚为湖。西湖有堤一道，湖面积约 22 亩，水源来自西山泉水汇集。西湖连接古渠，主要用以上游蓄水，以济古渠。

陈公堤在原遂安古城（狮城）东门外龙溪东故督亢地。明洪武年间（1368—1398），创木桥，后易以石，水至常不及泄。万历二十五年（1597），龙溪溃，督亢成为泽国。万历二十六年（1598），知县陈泰熙筑堤防之，五月而罢。陈公堤堤底宽约 9 米，高度约 6 米，延亘约 416 米，用坚石砌成。陈公堤为知县陈泰熙集众人捐款所筑，其个人捐款就超过十分之一，未摊派百姓，实属难得。可谓为官一任，造福一方。陈公堤用于防治龙溪洪水，保护督亢良田。

马沂新墅堰，又称马仪新墅堰，位于千岛湖水下遂安古城（狮城）西南十里。此堰原为马沂、新墅二堰，相传始筑于吴越时期。元至治三年（1323）县尹梁居善合二为一。明嘉靖十八年（1539）坏，推官陆愚重筑。万历中，知县马呈鼎重筑。清康熙十年（1671）典史李守奎督修。康熙壬戌（1682）大水坏，县丞王时来督修。后又坏，知县何伟重修。乾隆十二年（1747）大水坏，知县鲁克恭详请发帑修。堰为石砌，有闸门启闭可通舟楫，堰旁有两条渠道，分别引水至马沂、新墅二畈。元时筑堰后有约：此堰之水，新墅畈（一千八十亩）受其六，马仪畈（七百一十亩）受其四，每年修治出工也照此比例。《马仪新墅堰记》《重建马仪新墅堰碑记》等均有记录。马沂新墅堰原用于拦蓄溪水，灌溉马沂、新墅两畈农田。

六和塔

镇潮航标保安澜

塔映江流

浮屠矗立俯江流，暮色苍茫四望收。
落日背人沈野树，晚潮催月上沙洲。
千家灯闪城南市，数点帆归海外舟。
莫讶山僧苦留客，有情江水也回头。

〔清〕林则徐

六和塔　张红临摄

六和塔旧影

六和塔位于西湖区西湖街道九溪社区六和塔公园内，始建于北宋开宝三年（970）。吴越王钱弘俶在南果园建开化寺，造六和宝塔，取佛教“六和敬”之义，命名为六和塔。六和塔又名六合塔，取“天地四方”之意。钱弘俶舍园建塔原为镇压江潮。此外，六和塔还兼具灯塔照引航向之功用。那时候的钱塘江上，风波险恶且航船众多，时常有事故发生。巨塔高高耸峙之后，每当夜幕降临，江上往来船只，都凭塔顶明灯辨识行船方位、方向，航行安全得到了保障。

宣和三年（1121），六和塔毁于兵火。现存砖结构塔身系南宋绍兴二十二年（1152）重建，隆兴元年（1163）竣工。元、明、清时进行几次修缮。六和塔最近的一次大修实施于1991—1992年，至今，内部砖砌塔身仍是宋代原构，现在塔内还有宋代重修时的碑记；现存塔刹为元代重换；木构外回廊系清光绪二十五年（1899）重建。

六和塔　杨东摄

六和塔占地890平方米，塔外各层檐角挂有104只铁铃。六和塔塔高59.89米，内部塔芯为砖石结构，分七层，外部木结构楼阁式檐廊为八面十三层，每级廊道两侧有壶门，塔内由螺旋阶梯相连，第三级须弥座上雕刻有花卉、飞禽、走兽、仙子等各式图案。清乾隆皇帝曾为六和塔每层题

古图上的六和塔、白塔

字。六和塔外观雍容大度，全塔设计精巧，结构奇妙。塔外观八角形，腰檐层层支出，宽度逐层递减，檐上明亮，檐下阴暗，明暗相间，衬托分明。

六和塔庄严而又雄伟，远望有拔地参天之势。六和塔内须弥座上，雕有花卉、飞禽走兽、飞天、伎乐、迦陵频伽等纹饰，具有较高艺术价值，是中国建筑史上的实物资料。六和塔为杭州古城最重要的宋代建筑，它标志着南宋时期的建筑科技与艺术水准。1961 年，六和塔被公布为第一批全国重点文物保护单位。

白塔

古代运河进入钱塘江的标志

登临江上寺，迁客特依依。
远水欲无际，孤舟曾未归。
乱峰藏好处，幽鹭得闲飞。
多少天真趣，遥心结翠微。

〔宋〕范仲淹

白塔　刘柏良摄

白塔旧影

白塔，又称闸口白塔，位于上城区南星街道白塔公园内，南侧为之江路，南距钱塘江约150米，与六和塔遥遥相望，为全国重点文物保护单位。

五代十国时期，吴越国钱氏一族从群雄纷乱中崛起，割据江南之地，实行保境安民政策并大兴佛事，在杭州留下了众多佛教建筑，闸口白塔即其中精品之作。其时，钱塘江年年有大潮吞噬客船的灾难发生，因此在位于水口位置修建白塔，也有对江潮镇压、对江神酹祭的含义。同时，闸口白塔是古代钱塘江与杭城内河水运的重要航标，也是运河进入钱塘江的标志。闸口白塔位于南宋皇城大遗址的南入口，是杭州吴越文化和南宋文化的交融区域，也是京杭大运河南段真正意义上的起点。《古杭杂记》载：驿路有白塔桥，印卖朝京里程图，士大夫往临安，必买以披阅。有人题于壁曰："白塔桥边卖地经，长亭短驿甚分明。如何只说临安路，不较中原有几程。"这里是杭州主城货运的主要河道，也是京杭大运河最南端的龙山闸所在。早在南北朝始，这里就逐渐成为旅客由钱塘江进入杭州的港埠，商贾云集，车水马龙，他们从这里下船登岸，总要先买地图，再按图索骥逛南宋的皇城。民国时期，闸口则成为江墅铁路南段的起点站。

宋代吴自牧所著的《梦粱录》曾记载："龙

山儿头岭，名白塔岭，岭有石塔存焉。”民国二十六年（1937）首次对白塔进行现场调查及测绘。之后塔经局部整修与多次测绘，1997年维修加固。白塔通体用白色太湖石建造，仿木构楼阁式塔，外观八面九层，通高14.4米，逐层收分。最下基座，刻山峰海浪，其上立须弥座，刻有佛经。再上分九层，每层由塔身、塔檐和平座三部分组成。塔身每面转角处设倚柱，收分明显，柱头卷杀。塔身浮雕佛、菩萨和经变故事。檐下设单抄单下昂偷心造五铺作。塔檐雕出檐子、飞子、筒板瓦垄，檐口刻出勾头、滴水，翼角雕出老角梁、子角梁和脊饰。

闸口白塔是现存的五代吴越末期仿木构塔建筑中最精美、最真实、最典型的一座，因而具有很高的研究价值。白塔是五代吴越的重要文物，不仅是珍贵的古建筑，还为历史地理的研究提供了十分重要的资料。

白塔公园建成于2014年，是集古老的历史遗迹与生机蓬勃的自然风光于一体的休闲游览胜地。远眺钱塘潮涌，鸥鹭翩翩；古塔屹立，花木相间。

凤山水城门

杭州唯一保存的古城门

回首凤山门外路，夕阳无限云山。
黯然行矣几时还。
别离从此始，咫尺欲归难。

〔清〕谈印梅

凤山水城门　刘柏良摄

凤山水门旧影

凤山水城门位于上城区紫阳街道太庙社区，东西向横跨中山南路与中河路交界的中河,同时也是龙山河与中河的分界点。钱江之水，“自龙山河涌入凤山水门”，通过城内阡陌纵横的水道，出武林门水门，和京杭大运河连在一起。凤山水城门既是龙山河的北端端点，也是扼守江南运河通往钱塘江的咽喉。凤山水城门历经 600 年风雨，是杭州唯一保存的古城墙和古城门。2013 年，凤山水城门被列入全国重点文物保护单位；2014 年，成为世界文化遗产中国大运河的遗产点之一。

凤山水城门为单孔拱门，由两座不同跨径的拱券并联而成。拱券采用纵联分节并列式砌筑，北孔矢高 2.8 米，跨 5.7 米，南孔矢高 1.92 米，跨 4.3 米。两者之间为石砌方形闸档，闸档后部有石雕门臼，可以启闭闸门，闸石及门扇现已缺失。每座拱券的顶部中央，有一块雕有蟠龙的锁石，用以锁住闸门。南向拱门上方城墙嵌“凤山水门”石刻竖碑。城墙上建有一楼，可屯兵百余，既可防御敌兵偷袭，又可开闭闸门调节河水。水门城墙北侧外墙残高 8.7 米，南侧外墙残高 7.7 米，总厚度 12.3 米，修复后的城墙连水门长约 22.49 米。

杭州城垣最早筑于隋开皇十一年（591）。吴越国与南宋建都杭州后又大规

放下桅杆通过凤山水门的载重船只（拍摄于1917—1919年，杭州）（甘博：《甘博摄影集》，浙江人民美术出版社2018年版）

模修筑城垣，除在各交通要道设城门外，还在穿城而过的河道上筑水门。乾隆《杭州府志》载："唐末钱镠筑罗城，环包家山，东亘江干，名南门曰龙山门，门即在包家山下。"南宋时，杭州城垣有陆门十三，水门五，南门曰嘉会。《梦粱录》云："嘉会门城楼绚丽，为诸门冠。遇南郊，五辂（皇帝外出专用车辆）由此幸郊台路。"元禁天下修城。南宋所遗城垣多被毁。

元至正十九年（1359），张士诚入据浙江，征松江、嘉兴、湖州及本地民夫数万人重修杭州城垣，南缩入二里，摒南宋皇城于城外，以其北之和宁门为南门，并就近在中河河道上筑水门，抵龙山闸，以通江滨，纲运出入。明初更和宁门为凤山门，水门徙之。又因在州治南，亦名正阳门。明清时屡修，民国拆除杭州城垣，至1959年，除凤山水门门洞外，余多拆除。

1986年治理中河时，市园文局按原样复建了城墙城垛，北辟公园，树纪念碑。碑面镌张爱萍题写的"银河双落"行草，龙腾虎跃，气势磅礴；阴刻陆鉴三撰写的《中东河综合治理碑记》，击节再三，回肠荡气。碧水潺湲，两岸杂花生树，芳草鲜美，粉蝶乱飞，成为市民又一休闲胜地。现水城门一带绿化成荫，真可谓"红杏枝头春意闹，翠枝轻摇绿添凉。舒心养眼人欣欣，绿不言语最可人"。"凤山烟雨"成为杭州"运河十景"之一。

余杭水城门

余杭旧县治的实物见证

清嘉庆《余杭县志》载："明嘉靖三十五年，知县吴应徵因寇乱筑城"，"南临苕溪，有水门二。"城门是当时城墙的重要组成部分，也是余杭旧县治的重要标志。

东水城门位于原孔庙（又称文庙，今省军区教导大队）前，分两层台阶：第一层东西向相对，

余杭水城门　余杭区林业水利局提供

东水城门外景　韩清摄

向下踏步各13级，走向同一中间平台，平台北为石坎，南即城门；第二层踏步设在城门内，分6级，城门宽3米，墙基厚4.3米，门上起券，券顶已破坏，残高4米，中间设闸门一道。傍溪筑半圆形平台河埠，分4级下溪。

西水城门在旧县衙（现为文昌高级中学）前，向南沿阶而下，凡9阶，每阶高0.13米，宽2.6米，进深0.4米至墙基。墙厚3.8米，采用条石纵联分节并列砌筑。城门宽2.25米，高3.25米，门上从1.64米高处起券，券顶深2.4米，下设踏步6级。券内两旁立石，上横置石条三块封住券顶，形成高2米的框架。券外下为平台，纵深1.4米，高2.8米，宽2.25米，外设踏步9级，沿溪筑半圆形平台河埠，下设踏步4级入水。城门内设闸槽一道，高0.9米，厚0.33米，槽宽0.11米，可置闸门，既御盗又防洪。

原通济桥河段是东苕溪河道束窄段，因其严

水城门内景仰视　韩清摄

重阻水使余杭街道水位壅高，危及西险大塘的安全，2003年，政府组织实施通济桥退堤扩孔工程，水城门也由原址北移30米。移位前，将原城门石料进行编号，在溪北岸原水城门位置按原石料复建还原。复建后的东水城门分两层台阶：第一层在城墙（堤塘）内侧（不属城墙），东西向相对，向下踏步各20级走向同一中间平台。第二层踏步设在城墙（堤塘）内，共14级，下至临水平台，平台中间设闸门一道。再往外即南苕溪，傍溪筑半圆形平台河埠，分2级下溪。西水城门大致相同。

余杭旧县城苕溪北岸既是防洪的大塘，又是县城的南城墙，其顶端与地面成水平。目前，余杭旧城城墙已毁，仅剩两座水城门。因此，水城门即是余杭旧县治仅存的重要实物见证，也是苕溪防洪工程建设的历史见证。2009年，被公布为杭州市市级文物保护单位。

杭州孔庙碑林水利碑刻

杭州治水历史的记录

杭州孔庙碑林位于上城区西湖东南侧的吴山脚下孔庙内，是全国重点文物保护单位。杭州孔庙占地面积约 4400 平方米，总建筑面积约 1500 平方米，以大成殿为中心，正前分筑戟门、泮池和棂星门，左右两边即碑亭与碑廊。碑林荟萃了唐至清末共 500 多方石碑，内容包括了帝王御笔、

杭州孔庙碑林　刘柏良摄

浙江江海塘全图碑　邵钧摄

地方史料、名家法帖、人物刻像、水利图刻、墓志等，具有较高历史、科学、艺术价值。其中有 4 方水利碑刻，记录了杭州的治水历史。

西湖禁约事文告碑，碑高 176 厘米，宽 85 厘米，厚 29 厘米。明嘉靖四十四年（1565）立石。楷书，无撰书者姓名。碑文 9 行，字径约 6 厘米，碑面风化严重。此碑是关于西湖治理蓄泄，以备旱涝，并严禁豪门蚕食侵占淤塞西湖的告示碑，是历代治理西湖的重要实物例证。

嘉庆九年重浚杭城水利记碑，高 82.5 厘米，宽 160 厘米，厚 21 厘米。清阮元撰，梁同书书，楷书，张培刻于嘉庆十年（1805）。此碑记载嘉庆九年（1804）浙江巡抚阮元带头捐资疏浚长年失修的城河，使水利畅通，再无泛滥之事。

浙江省城水利全图碑，高 83 厘米，宽 163 厘米，厚 20.5 厘米。清嘉庆十年刻。碑曾从中部断为两块，已修补。该碑为双面碑，碑阳刻浙江省城（杭州）水利全图；碑阴为重浚杭城水利捐款题名，16 行，楷书，记捐款人 13 名，捐银 4562 两。

浙江江海塘全图碑，碑高 93 厘米，宽 191 厘米，厚 20 厘米。清同治十三年（1874）刻，为杭州最早的实测钱塘江海塘平面位置图刻石。碑右为江海塘图，线刻，刻图甚浅，多已漫灭。图左附杨昌濬题跋，楷书 18 行，每行 40 字。该碑记述了钱塘江海塘自清咸丰以来由于战争影响而坍塌严重，浙江巡抚杨昌濬命浙江塘工总局重新请人对海塘进行测量，刻石为碑之事。

余杭县公署文碑

记录民国时期的一桩水事纠纷

颁令通畅四岭水；阅碑领略双溪风。

余杭县公署文碑　余杭区林业水利局提供

余杭县公署文碑　陈斌摄

余杭县公署文碑，现位于余杭区径山镇四岭村上仕自然村双泗公路旁的双碑园内。民国十四年（1925），为处理放排毛竹和农田灌溉的矛盾而立。碑原立于四岭村砻糠堰旁，后碎成两截，现已修补好竖立起来，并建了碑廊。2009年，被公布为杭州市市级文物保护单位。

碑青石质，方首，无座。高2.26米，宽0.98米，厚0.17米。碑阳为“永远禁止筑坝”“余杭县公署布告第九七号”“中华民国十四年十一月二日”字样。碑阴刻有文稿，较模糊，约2200字，主要记述了民国十二年（1923）冬因河水干涸，撑竹包头盛锦荣等将官堰（即砻糠堰）加高后，引起纠纷，县署派员调处的过程，作出了拆毁加高的坝体以恢复原状，仍照旧习惯顺水放竹、不得囤水放竹的决定。文末并有议事代表署名。

疏浚临平长安河道碑

镌刻古河道整治历程

疏浚临平长安河道碑　临平博物馆提供

疏浚临平长安河道碑，位于临平区南大街 95 号临平博物馆内。清同治十一年（1872）刻，碣式，碑身高 1.4 米，宽 0.635 米。碑文为浙江巡抚杨昌濬所撰，碑文主要记述了同治六至七年（1867—1868）间上塘河长安至半山段疏浚工程的缘由、过程和成就，以及主要参加人员的姓名职位，共约 600 字。

杨昌濬（？—1897），字石泉，清末湖南湘乡人。曾任衢州知府、浙江布政使、浙江巡抚、陕甘总督、闽浙总督等职，官至太子太保。工诗词书画，博学多才。任浙江巡抚期间，凿湖导河，兴修水利，发展农桑。杨昌濬曾作诗：“手植垂杨三万株，春来新绿满西湖。他年若过双堤路，漫道棠阴继白苏。”

疏浚临平长安河道碑记

杭城水去有二道，一出武林门，北流过塘栖，以达石门，曰下河；一出艮山门，东北流过临平，以达长安，折而南，可至海宁，由长安越坝，亦会于石门，曰上河，又名运盐河。下河百里而近长安，向为米市所聚，与临平均称巨镇。

军兴以来，海塘失修，潮水挟泥沙灌入内河，自长安上至半山七八十里，河道淤成平地，舟楫不通，农商交病。同治丁卯，昌濬方在藩司任内，亟请于前抚马公筹款疏治。马公遂以入告,得旨允行，于是秋兴工，至明年春讫事。迨后又陆续加挑，并带疏天开河、许村两处支港，并修整婆娑闸、白洋涧塘闸。计先后共费九万七千缗有奇，悉资商力，不动官帑。于是自省至嘉兴河道无阻,时方修海塘，转运工料，尤称便焉！夫水之在地，犹人身之有血脉也。血脉一有不行，人身必病；水道一有不通，地方受困。当兵燹之后，民物凋残，苟可以培养元气，宜无不竭力以图，矧水利尤善后之大者乎？因势利道，此长民者之责也。今幸群情踊跃，计日而成，从此商旅恣其往来，田畴赖以灌溉，仁、海两处之民，庶其有瘳乎？而有举莫废，则犹有待于后之来者。

是役也，现任陕西布政使、前杭州府知府谭钟麟，补用道候补知府张鉴南，三品衔升补道、杭州府知府陈鲁，升用知府、鄞县知县署仁和县事姚光宇，知府衔即补直隶州、借补海宁州知州靳芝亭，提举衔海宁州州判宋勋钺，实董其事。监工委员试用县丞屈懋功、朱志仁、潘耀从、九品吴廷沄，绅董马汝遵、江蓝、吴缦云、陈佃、陈桂芬、李祖仁、汪浙之、何堃华、曹鼎勋，例得并书。

同治十一年壬申仲冬长至日，抚浙使者湘乡杨昌濬撰，原办委员补用县程钟瑞监立。

永禁苞芦碑

严州地区发现最早的有关保护水土和森林植被的碑记

建德市寿昌林场绿荷塘林区，植被层次丰富，生态环境良好，有一片茂密的原生态楠木森林公园，拥有百年以上树龄的楠木 3 万多棵，是亚洲地区迄今为止发现的最大的古楠木生长群落。林区有一块永禁苞芦碑，清道光十五年（1835）立，碑高 1.66 米，宽 0.86 米，厚 0.07 米。碑文大意为严禁在此

永禁苞芦碑　张恒源摄

永禁苞芦碑　张恒源摄

开山毁林，种植苞芦，以免造成森林被毁，破坏植被。

要探究这块碑的来历，还得从绿荷塘一带流传着的历史故事说起。清嘉庆年间（1796—1820），大量外地人逃难至寿昌绿荷塘，在山上垦种玉米，由于过度开垦，导致林木被毁，土质疏松，遇雨就易造成泥石流或滑坡，殃及民众。清道光年间（1821—1850）的一场山洪不仅几乎毁灭了上仓、下仓、新仓等村，也差点毁了整个寿昌。道光皇帝得知浙江严州府有个绿荷塘，有上千难民需要安置，急需停垦还林、禁砍楠木，防止水土流失。于是道光皇帝下了一道口谕，禁止此地开荒种地，千余难民迁出绿荷塘，另行安置。严州新知府就按道光皇帝的口谕，在这里竖了一块石碑，叫“永禁苞芦碑”。

永禁苞芦碑原竖在绿荷塘，自从这块碑竖起来之后，楠木林才得到正式的保护，才有今天这郁郁葱葱的千亩楠木森林。后该碑一度流失民间。2005 年，杭州绿荷塘古楠木森林公园开发，从当地农户家中找回该碑，竖立于楠木林之中。

水脉记忆

六月二十七日望湖楼醉书

〔宋〕苏　轼

黑云翻墨未遮山，白雨跳珠乱入船。
卷地风来忽吹散，望湖楼下水如天。

《两浙海塘通志》

第一部全面系统记述浙江海塘的著作

《两浙海塘通志》为清乾隆年间(1736—1795)浙江巡抚方观承呈请敕修，是一部全面记载清代乾隆十四年(1749)以前修筑浙江海塘的志书。乾隆十四年，屡掌治河、熟悉水利的浙江巡抚方观承报请编修海塘通志，同年四月获准。方观承即着手搜集资料，编排纲目。不久方调任直隶总督，将编修之事交永贵办理。乾隆十五年(1750)四月成书，乾隆十六年(1751)刊印。杭州图书馆藏有乾隆十六年刻本，共八册。

《两浙海塘通志》所载内容截至乾隆十四年，内容分图说、列代兴修、本朝建筑、工程、物料、坍涨、场灶、职官、潮汐、祠庙、兵制、江塘、艺文等十三门，共二十卷，另设首卷一，收录雍乾两朝关于海塘之历次诏谕载于书首。该书详细记述了海塘之建筑历史、工程管理、物料核算、官员设置、水利制度、民俗活动等方面内容，是研究海塘历史沿革和水利工程的重要文献。

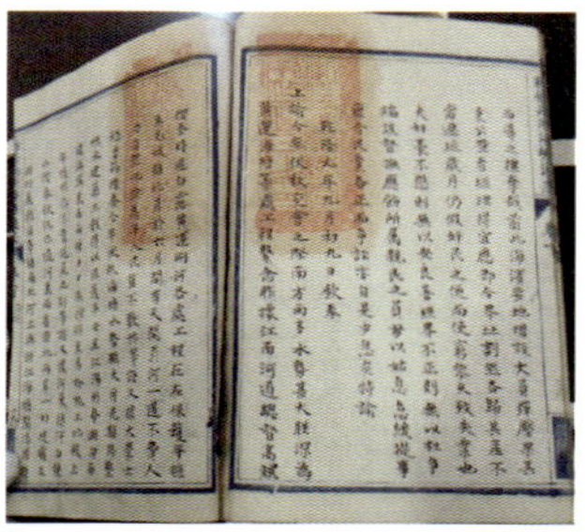

两浙海塘通志

注：方观承(1698—1768)，字遐谷，号问亭，安徽桐城人。清雍正十年(1732)，成为平郡王福彭谋士，授内阁中书。乾隆二年(1737)，担任军机章京，转吏部郎中。历任直隶清河道台、直隶按察使、直隶布政使，累迁直隶总督。

《海塘新志》

记述乾隆年间海塘事务的断代史

《海塘新志》是清乾隆年间（1736—1795），曾任浙江巡抚的琅玕编撰的关于海塘修筑的志书。《海塘新志》是继《两浙海塘通志》以后，“专纪海宁州尖山起，至仁和县范公塘止”的一部有关塘务

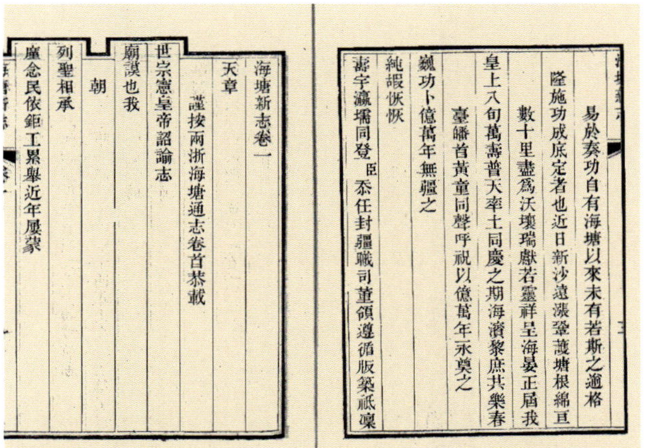
易於奏功自有海塘以來未有若斯之迺格
隆施功成底定者也近日新沙遠漲鞏護塘根綿亘
數十里盡爲沃壤瑞獻若靈祥呈海晏正届我
皇上八旬萬壽普天率土同慶之期海濱黎庶共樂春
臺皤首黃童同聲呼祝以億萬年永奠之
鴻功卜億萬年無疆之
純嘏恢恢
壽宇瀛壖同登臣忝任封疆職司董領遵循脈築祇凜

海塘新志卷一
天章
謹按兩浙海塘通志卷首恭載
世宗憲皇帝詔諭志
廟謨也我
朝
列聖相承
廑念民依鉅工累舉近年屢蒙

海塘新志

注：琅玕（？—1804），爱新觉罗氏，清满洲正蓝旗人。乾隆五十一年（1786），授浙江巡抚。乾隆五十六年（1791），浙江海塘工程损坏，因琅玕在任上而未亲勘，乾隆诏责赔修，应赔银二十二万七千有奇，免有半。嘉庆年间（1796—1820）官至云贵总督。《清史稿》有传。

工程的志书。它较《两浙海塘通志》所涉地域更为集中，而所录之地的海塘则最为紧要。从记述内容的时间而言，乃是与《两浙海塘通志》相接，其所录乾隆“上谕”，始自乾隆十四年（1749）十月二日，终于乾隆五十五年（1790）。故这段时期，有关海塘事宜，尽见于此志。杭州图书馆藏有清道光刻本，共四册。

该书共六卷，起首为凡例，共有天章两卷，形势一卷，修筑两卷，工料一卷。前两卷“天章”，记乾隆皇帝的“上谕”和诗文；第三卷“形势”，是该书的独创，且配有图例，以资说明。因两浙海塘形势，清廷极为关注，规定当地官员必须定期奏报，故有专章记述，且配有图绘。该书将当时潮水冲刷、筑塘捍卫之地绘制成图，共 11 幅，依次为海塘全图、三叠图、尖山一带海塘图、念里亭一带海塘图、海宁州南一带海塘图、马牧港海塘图、老盐仓海塘图、华家卫一带海塘图、翁家埠一带海塘图、章家庵一带海塘图、朱笔圈记处海塘图。重点是第四、五卷的“修筑”，乃按年按月，逐一依据当时的官方文书，进行详尽的记载。第六卷“工料”谨遵部定采取，然物料不同，价格亦异，皆核实开载，不以琐细而略之。

《钱塘湖石记》

西湖水利建设的重要历史文献

唐长庆二年（822），白居易出任杭州刺史。翌年江南大旱，杭州城外大片土地龟裂，禾苗枯焦，城内水井干涸，百姓祈之于神灵。本着“出仕为官，重在救民济世”的思想，白居易排除阻力和非议，筑堤捍湖，重修“六井”。据《新唐书·白居易传》载：长庆四年（824），“始筑堤捍钱塘

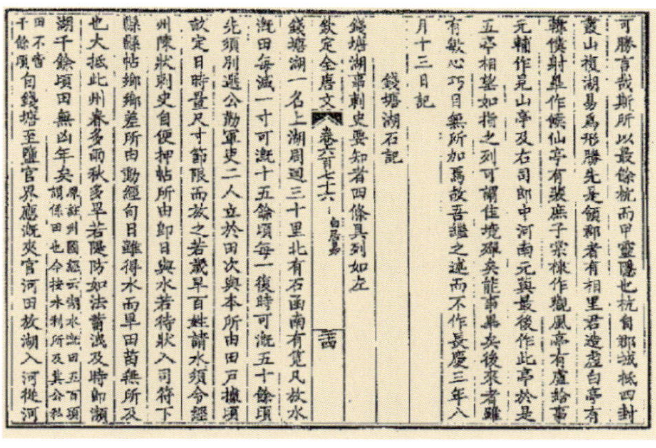

可勝言哉斯所以最餘杭而甲靈隱也杭自郡城抵四封叢山複湖易為形勝先是領郡者有相里君造虛白亭有韓僕射皐作候仙亭有裴庶子棠棣作觀風亭有盧給事元輔作見山亭及右司郎中河南元與最後作此亭於是五亭相望如指之列可謂佳境殫矣能事畢矣後來者雖有敏心巧目無所加焉故吾繼之述而不作長慶三年八月十三日記

錢塘湖石記

錢塘湖事刺史要知者四條具列如左

欽定全唐文 卷六百七十六 白居易

錢塘湖一名上湖周迴三十里北有石函南有笕凡放水溉田每減一寸可溉十五餘頃每一復時可溉五十餘頃先須別選公勤軍吏二人立於田次與本所由田戶據頃畝定日時量尺寸節限而放之若歲旱百姓請水須令經州陳狀刺史自便押帖所由即日與水若待狀入司符下縣縣帖鄉鄉差所由動經旬日雖得水而旱田苗無所及也大抵此州春多雨秋多旱若隄防如法蓄洩及時即瀕湖千餘頃田無凶年矣舊州圖經云湖水溉田五百頃謂係田也今按水利所及其公私田不啻千餘頃自錢塘至鹽官界應溉夾官河田放湖入河從河

钱塘湖石记（清嘉庆《全唐文》）

注：**白居易（772—846）**，字乐天，唐代大诗人，晚年号香山居士。早年家境贫困，颇历艰辛。贞元进士，授秘书省校书郎。元和年间任左拾遗及左赞善大夫，后贬为江州司马。曾任杭州、苏州刺史，刑部尚书。有《白氏长庆集》。

白居易

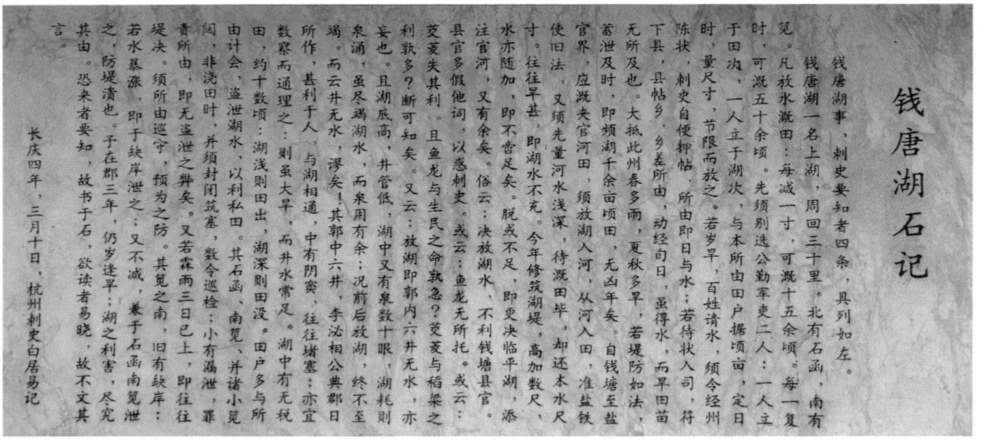

钱唐（塘）湖石记碑刻　刘柏良摄

湖，钟泄其水，溉田千顷；复浚李泌六井，民赖其汲”。白居易所筑湖堤现已湮废，其大致位于钱塘门至武林门之间，堤内为上湖（即今西湖），堤外为下湖。上湖周围三十里，北筑石涵，南设笕，平时承蓄雨水山泉，逢旱放水灌田，民大得其利。治理后，白居易重视西湖水源管理，选用公勤军吏二人，专职定时、定量节制放水，严禁破坏堤坝、盗泄湖水；并亲撰《钱塘湖石记》，刻石立于湖旁，详述涵、笕功用，蓄水、放水、保护堤岸方法及管理制度。

《申三省起请开湖六条状》

为民请命开浚西湖的奏章

苏轼任杭州通判时，适逢知州陈襄修浚六井，苏轼为之作《钱塘六井记》。北宋熙宁五年（1072），督开汤村运盐河，并赋诗《汤村开运盐

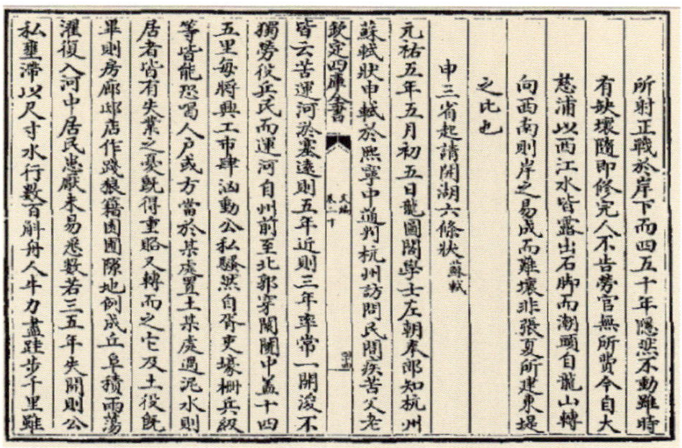

所射正職於岸下而四五十年隱然不動雖時有缺壞隨即修完人不告勞官無所費今自大慈浦以西江水皆露出石脚而湖頭自龍山轉向西南則岸之易成而難壞非張夏所建東堤之比也

申三省起請開湖六條狀 蘇軾

元祐五年五月初五日龍圖閣學士左朝奉郎知杭州蘇軾狀申軾於熙寧中通判杭州訪問民間疾苦父老

欽定四庫全書

皆云苦運河淤塞遠則五年近則三年率常一開浚不獨勞役兵民而運河自州前至北郭穿闤闠中蓋十四五里每將興工市肆洶動公私騷然自胥吏壕寨兵級等皆能恐喝人户或云當於某處置土某處過泥水則居者皆有失業之憂既得重賂又轉而之它及工役既畢則房廊邸店作踐狼籍園囿隙地例成丘阜積雨蕩濯復入河中居民患厭未易悉數若三五年失開則公私壅滞以尺寸水行數百斛舟人牛力盡跬步千里雖

申三省起请开湖六条状（明嘉定《文编》）

注：**苏轼**（1037—1101），字子瞻，号东坡居士，眉州眉山（今属四川）人。嘉祐进士。任开封府推官时，因上疏反对新法，于熙宁四年（1071）外调杭州通判，后转任密州、徐州、湖州。后因“乌台诗案”贬谪黄州。元祐四年（1089），以龙图阁学士出知杭州。元祐七年（1092），召为礼部尚书兼端明殿学士、翰林侍读学士，晚年又贬谪惠州、儋州。元符三年（1100）遇赦北归，次年病故于常州。追谥文忠。

苏东坡像（清程祖庆绘）

河雨中督役》记其事。元祐四年(1089)再至杭州任知州，调集捍江兵士、厢军千人，开浚城内茅山、盐桥两河各十余里，并修建堰闸控制江潮及西湖之进水，以济航运；浚六井，利民汲饮。翌年上《杭州乞度牒开西湖状》和《申三省起请开湖六条状》获准，调集民夫二十万工浚治西湖。历时半年，开掘葑泥二十五万丈，用湖泥筑成长堤，堤上建映波、锁澜、望山、压堤、东浦、跨虹六桥，跨湖连通南北两山。后人称此堤为苏公堤、苏堤。堤成植芙蓉、杨柳其上，望之如画。时人作画，题为“苏堤春晓”。元祐六年(1091)，又上《乞相度开石门河状》，以钱塘江浮山水险，时有覆舟，影响衢、睦、处、婺、宣、歙、饶、信及福建路至杭州之航运，建议自石门起，利用斥卤弃地凿为运河，凡二十二里，以达于江，可避浮山之险。上奏数月，苏轼被召赴京，此建议未果。

苏轼治杭，惠绩甚多，为后人所称颂。杭人感其德，“家有画像，饮食必祝”，并为其立祠志念。

申三省起请开湖六条状(节选)

〔宋〕苏 轼

元祐五年五月初五日，龙图阁学士左朝奉郎知杭州苏轼状申。

……

轼寻以敦仁之策，参考众议，皆谓允当。已一面牒本州依敦仁擘画，支上件钱米雇人，仍差捍江船务、楼店务兵士共五百人，般载葑草，于四月二十八日兴工去讫。今来有合行起请事件，谨具画一如左。

一、今来所创置钤辖司前一闸，虽每遇潮上，闭闸一两时辰，而公私舟船欲出入闸者，自须先期出入，必不肯端坐以待闭闸，兼更有茅山一河自可通行，以此实无阻滞之患，而能隔截江潮，径自茅山河出天宗门，至盐桥一河，永无堙塞开淘搔扰之患，为利不小。恐来者不知本末，以阻滞为言，轻有变改，积以岁月，旧患复作，今来起请新置钤辖司前一闸，遇潮上闭讫，方得开龙山浙江闸，候潮平水清，方得却开钤辖司前闸。

一、盐桥运河岸上，有治平四年提刑元积中所立石刻，为人户屋舍侵占牵路已行除拆外，具载阔狭丈尺。今方二十余年，而两岸人户复侵占牵路，盖屋数千间，却于屋外别作牵路，以致河道日就浅窄。准法据理，并合拆除，本州方行相度，而人户相率经州，乞遽逐人家后丈尺，各作木岸，以护河堤，仍据所侵占地量出赁钱，官为桩管准备修补木岸，乞免拆除屋舍。本州已依状施行去讫。今来起请应占牵路人户所出赁钱，并送通判厅收管，准备修补河岸，不得别将支用，如违，并科违制。

一、自来西湖水面，不许人租佃，惟茭葑之地，方许请赁种植。今来既将葑田开成水面，须至给与人户请佃种菱。深虑岁久人户日渐侵占旧来水面种植，官司无由觉察，已指挥本州候开湖了日，于今来新开界上，立小石塔三五所，相望为界，亦须至立条约束。今来起请，应石塔以内水面，不得请射及侵占种植，如违，许人告，每丈支赏钱五贯文省，以犯人家财充。

一、湖上种菱人户，自来脔割葑地，如田塍状，以为疆界。缘此即渐葑合，不可不禁。今来起请应种菱人户，只得标插竹木为四至，不得以脔割为界，如违，亦许人划赁。

一、本州公使库，自来收西湖菱草荡课利钱四百五十四贯，充公使。今来既开草葑，尽变为菱荡，给与人户租佃，即今后课利，亦必稍增。若拨入公使库，未为稳便。今来起请欲乞应西湖上新旧菱荡课利，并委自本州量立课额，今后永不得增添。如人户不切除治，致少有草葑，即许人划赁，其划赁人，特与权免三年课利。所有新旧菱荡课利钱，尽送钱塘县尉司收管，谓之开湖司公使库，更不得支用，以备逐年雇人开葑撩浅，如敢别将支用，并科违制。

一、钱塘县尉廨宇在西湖上，今来起请今后差钱塘县尉衔位内带管勾开湖司公事，常切点检，才有茭葑，即依法施行。或支开湖司钱物，雇人开撩替日，委后政点检交割。如有茭葑不切除治，即申所属点检，申吏部理为遗阙。

以上六条，并刻石置知州及钱塘县尉厅上，常切点检。

……

《钱塘六井记》

修缮六井的记录

《钱塘六井记》作于北宋熙宁六年（1073）三月，苏轼此时担任杭州通判。唐宋时期，杭州城因为靠近海边盐碱地带，百姓生活用水困难。唐代，杭州刺史李泌曾率众开凿六井，引入西湖水供给民用。后来，白居易等官任杭州时也都曾进行整修，等到苏轼担任杭州通判时六井已经年久失修，知州陈襄得知民情，组织人力财力进行整治，苏轼于是写下该文记叙此事。

记文开始概述六井的缘起及其沿革的情况，然后重点记叙知州陈襄如何体察民情、修缮六井，最后以六井修复后保全杭州城百姓在大旱之年安

苏轼

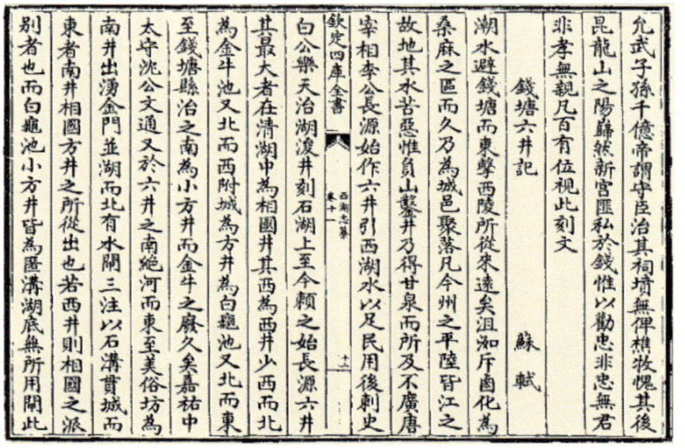

允武子孫千億帝謂守臣治其祠墳無俾樵牧愧其後昆龍山之陽巋然新宮匪私於錢惟以勸忠非忠無君非孝無親凡百有位視此刻文

錢塘六井記　蘇軾

湖水避錢塘而東擊西陵所從來遠矣沮洳斥鹵化為桑麻之區而久乃為城邑聚落凡今州之平陸皆江之故地其水苦惡惟負山鑿井乃得甘泉而所及不廣唐宰相李公長源始作六井引西湖水以足民用後刺史

欽定四庫全書　西湖志纂 卷十一　十二

白公樂天治湖浚井刻石湖上至今賴之始長源六井其最大者在清湖中為相國井其西為西井少西而北為金牛池又北而西附城為方井為白龜池又北而東至錢塘縣治之南為小方井而金牛之廢久矣嘉祐中太守沈公文通又於六井之南絕河而東至美俗坊為南井出湧金門並湖而北有水閘三注以石溝貫城而東者南井相國方井之所從出也若西井則相國之派別者也而白龜池小方井皆為匿溝湖底無所用閘此

钱塘六井记（清乾隆《西湖志纂》）

然无恙的事实，总结出居安思危的理政观念和人生道理。

钱塘六井记

〔宋〕苏　轼

湖水避钱塘而东击西陵，所从来远矣。沮洳斥卤，化为桑麻之区，而久乃为城邑聚落，凡今州之平陆，皆江之故地。其水苦恶，惟负山凿井，乃得甘泉，而所及不广。唐宰相李公长源始作六井，引西湖水，以足民用。其后刺史白公乐天治湖浚井，刻石湖上，至于今赖之。始长源六井，其最大者，在清湖中，为相国井，其西为西井，少西而北为金牛池，又北而西附城为方井，为白龟池，又北而东至钱塘县治之南为小方井。而金牛之废久矣。嘉祐中，太守沈公文通又于六井之南，绝河而东至美俗坊为南井。出涌金门，并湖而北，有水闸三，注以石沟贯城而东者，南井、相国、方井之所从出也。若西井，则相国之派别者也。而白龟池、小方井，皆为匿沟湖底，无所用闸。此六井之大略也。

熙宁五年秋，太守陈公述古始至，问民之所病。皆曰："六井不治，民不给于水。南井沟庳而井高，水行地中，率常不应。"公曰："嘻，甚矣，吾在此，可使民求水而不得乎！"乃命僧仲文、子珪办其事。仲文、子珪又引其徒如正、思坦以自助，凡出力以佐官者二十余人。于是发沟易甃，完缉罅漏，而相国之水大至，坎满溢流，南注于河，千艘更载，瞬息百斛。以方井为近于浊恶而迁之少西，不能五步，而得其故基。父老惊曰："此古方井也。民李甲迁之于此，六十年矣。"疏涌金池为上、中、下，使浣衣浴马不及于上池。而列二闸于门外，其一赴三池而决之河，其一纳之石槛，比竹为五管以出之，并河而东，绝三桥以入于石沟，注于南井。水之所从来高，则南井常厌水矣。凡为水闸四，皆垣墙扃鐍与以护之。

明年春，六井毕修，而岁适大旱，自江淮至浙右井皆竭，民至以罂缶贮水相饷如酒醴。而钱塘之民肩足所任，舟楫所及，南出龙山，北至长河，盐官海上，皆以饮牛马，给沐浴。方是时，汲者皆诵佛以祝公。余以为水者，人之所甚急，而旱至于井竭，非岁之所常有也。以其不常有，而忽其所甚急，此天下之通患也，岂独水哉？故详其语以告后之人，使虽至于久远废坏，而犹有考也。

《湘湖均水利约束记》

现存最早的均水制

《湘湖均水利约束记》是湘湖的用水管理制度，明确了被灌农田、水量指数和放水时间三者的关系，根据需灌土地所在位置的高、下不同，排列开闸顺序，根据需灌土地多少和所需湖水总量，核定水量标尺，确定开闸时间。放水法规定：

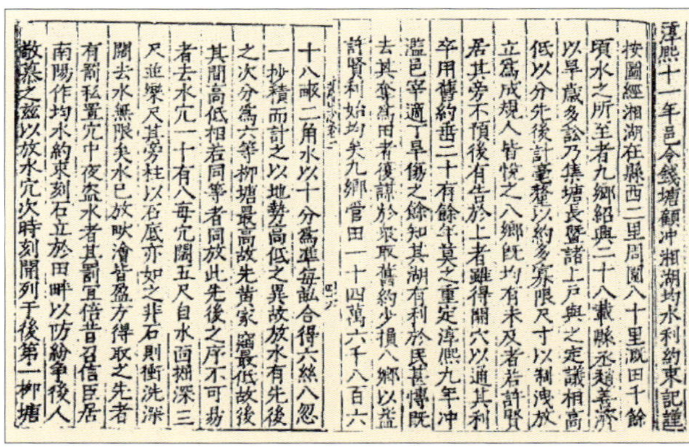
淳熙十一年邑令錢塘顧冲湘湖均水利約束記
按圖經湘湖在縣西二里周圍八十里溉田千餘頃水之所至者九鄉紹興二十八載縣丞趙善濟以旱歲多訟乃集塘長暨諸上戶與之定議相高低以分先後計毫釐以約多寡限尺寸以制洩放立爲成規人皆悅之八鄉既均有未及者若許賢居其旁不預後有告於上者雖得開穴以通其利卒用舊約垂二十有餘年莫之重定淳熙九年冲濫邑宰適丁旱傷之餘知其湖有利於民甚博既去其奪爲田者復謀於衆取舊約少損八鄉以益許賢利始均矣九鄉管田一十四萬六千八百六十八畝二角水以十分爲準每畝合得六絲八忽一抄積而計之以地勢高低之異故放水有先後之次分爲六等柳塘最高故先黃家霪最低故後其間高低相若同等者同放此先後之序不可易者去水穴一十有八每穴闊五尺自水面掘深三尺並累尺其旁柱以石底亦如之非石則衝洗深闊去水無限矣水已放畎澮皆盈方得取之先者有罰私置穴中夜盜水者其罰宜倍昔召信臣居南陽作均水約束刻石立於田畔以防紛爭後人敬慕之茲以放水穴次時刻開列于後第一柳塘

湘湖均水利约束记（明嘉靖《萧山县志》）

注：顾冲，南宋钱塘（今浙江杭州）人。淳熙九年（1182）任萧山县令，对赵善济的均水法作了进一步修正补充，对各乡的放水顺序、被灌农田、水量指数和放水时间作了重新规定，于淳熙十一年（1184）订立《湘湖均水利约束记》，刻石立碑，以示遵守。

沿湖十八穴的水门，各宽五尺、水面下深三尺，在水门的侧柱和底部刻石为标志，以固定放水量，放水按第一到第六的顺序进行。其核心是按地势高低决定从高到低的放水先后顺序，每个口门规定放水时间，并规定每个口门的宽窄和深浅。其实质是以水量按面积均分为基础的轮水制。

顾冲任萧山县令期间，扩大了湘湖的灌溉面积，湘湖水利原来只灌溉八乡，经协商，增加许贤一乡，从此有了湘湖灌溉九乡之说；处理了侵占湖田行为，清出全部所占湖田。此外，《萧山水利事迹》中记载了其恢复白马湖、落星湖、詹家湖、瓜沥湖，保护临江堰等多方面的水利成就。因此，顾冲受到了萧山人民的尊敬，湘湖边曾有“二长官祠”，专门供奉祭祀杨时与顾冲。

《湘湖均水利约束记》后被清毛奇龄所著《湘湖水利志》收录，今《湘湖（白马湖）文献集成——湘湖水利文献专辑》有载。

湘湖均水利约束记（节选）

〔宋〕顾　冲

谨按《图经》，湘湖周围八十里，溉田千余顷，水之所至者九乡。绍兴二十八载，县丞赵善济以旱岁多讼，乃集塘长暨诸上户与之定议：相高低以分先后，计毫厘以约多寡，限尺寸以制泄放，立为成规，人皆悦之。八乡既均，有未及者若许贤，居其旁不预。后有告于上者，虽得开穴以通其利，卒用旧约，垂二十有余年，莫之重定。淳熙九年，冲滥邑宰。适丁旱伤之余，知其湖有利于民甚溥，既去其夺为田者，复谋于众，取旧约，少损八乡以益许贤，利始均矣。九乡管田一十四万六千八百六十八亩二角，水以十分为准，每亩各得六丝八忽一杪。积而计之，以地势有高低之异，故放水有先后之次，分为六等。柳塘最高故先，黄家霪最低故后。其间高低相若同等者同放，此先后次序，不可易者。去水穴一十有八，每穴阔五尺，自水面掘深三尺，并乐尺，其旁柱以石，底亦如之。非石则冲洗满涧，去水无限矣。水已放，畎浍皆盈，方得取之。先者，有罚私置穴、中夜盗水者，其罚宜倍。昔召信臣居南阳，作均水约束，刻石立于田畔，以防分争，后人敬慕之，兹以放水穴次时刻开列于后。

……

《南湖考》

一部简明的南湖记事

该文为明代陈善撰，记述了南湖的历代开湮史，痛陈权贵侵湖之害，提出了加高堤坝并采取相应管理措施的建议。

辑自明万历《钱塘县志》,《杭州水利志》《余杭水利志》均有收录。

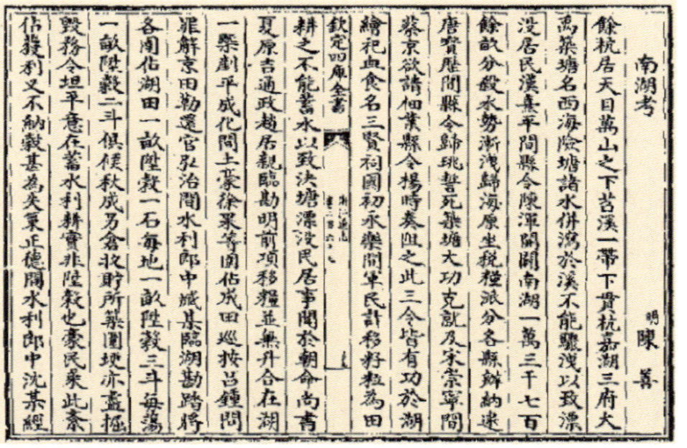

南湖考　明　陳善

餘杭居天目萬山之下苕溪一帶下貫杭嘉湖三府大爲築塘名西海險塘諸水併瀉於溪不能驟洩以致漂沒居民漢熹平間縣令陳渾開闢南湖一萬三千七百餘畝分殺水勢漸洩歸海原坐稅糧派分各縣辦納逮唐寶歷間縣令歸珧誓死築塘大功克就及宋崇寧間蔡京欲請佃業縣令楊時奏阻之此三令皆有功於湖繪祀血食名三賢祠國初永樂間軍民計移籽粒為田

欽定四庫全書

耕之不能蓄水以致決塘漂沒民居事聞於朝命尚書夏原吉通政趙居親臨勘明前項移糧並無升合在湖一槩剗平成化間土豪徐杲等侵佔成田巡按呂鍾問罪解京田勒還官弘治間水利郎中臧某臨湖勘踏將各圍佔湖田一畝陞穀一石每地一畝陞穀三斗每蕩一畝陞穀二斗俱俟秋成另倉收貯所築圍埂亦盡掘毀務令坦平意在蓄水利耕實非陞穀也豪民乘此泰佔獲利又不納穀甚爲[illegible]正德間水利郎中沈某經

南湖考（清雍正《浙江通志》）

注：陈善（1514—1589）,字思敬，号敬亭，钱塘（今浙江杭州）人。明嘉靖二十年（1541）进士，授歙县知县，历云南按察副使、滇南督学，迁云南右参政，以忤镇守太监及御史，被诬落职，后复职，官至云南左布政使。著作颇丰，有《杭州府志》《黔南类编》等。

陈善

南湖考（节选）

〔明〕陈　善

余杭居天目万山之下，苕溪一带，下贯杭、嘉、湖三府。大禹筑塘，名西海险塘，诸水并泻于溪，不能骤泄，以至漂没居民。汉熹平间，县令陈浑开辟南湖一万三千七百余亩，分杀水势，渐泄归海，原坐税粮，派分各县办纳。逮唐宝历间，县令归珧誓死筑塘，大功克就。及宋崇宁间，蔡京欲请佃业，县令杨时奏阻之。此三令皆有功于湖，飨祀庙食，名三贤祠。

……

盖南湖本以蓄水，堰坝不修则泄，一泄则涸。盖湖荡泥深而土沃，耕之则为肥田，不耕则为茂草。故豪民便坝不修，乐水速涸。其涸也，岁收膏腴厚产，独享其利；其涝也，坐视澎湃巨浸，而不与其害。余杭一邑利坝不修，而钱塘安乐乡十有六里之小民，实有剥肤之害也。以故本乡之民，先年皆自用财力，修筑堰坝。石易倾圮，而奸豪又从而阴决之，湖下小民，几为鱼鳖。盖此湖乃重利所在，而近湖皆豪右之家，今不修筑堰坝，其势必至于尽占而后已，将来无此湖，则无安乐乡十有六里之小民矣。故欲息争讼，在夫绝请佃而修堰坝。盖堰坝修，则水可以长蓄。既蓄水，则湖不可以为田。既无佃种之利，则豪右自不至纷纷请佃，而居民亦可免岁岁之告争矣。且请佃者，不过军饷而已，今查徐衢等各侵占湖田，节经勘结，承纳佃价税粮，及至追征，捏称荒荡，迁延不纳。今官湖皆为势豪私占，而税粮无丝豪入官。且南湖未耕佃之先，国课未闻减耗，南湖已请佃之后，军饷未见充盈。奸民蔑视宪禁，占侵不已，上湖既已湮芜，下湖日渐填塞，是沿湖数姓独享其利，而浙西三郡均被其害也。

近因群奸欲决开滚坝，下流居民哀鸣于上，事下所司查勘，乃用耆民费、钱、洪等议，要将坝加添三尺，免致水往南来，保全三府田地。仍照原议，先将马涧、水滩二处内外深堑趁时填塞，厚培塘基，毋令坍塌。其滚坝悉依水利道所定，东池用大长桩木钉入实地，然后加以大石，务令坚固，可垂久远。仍将五亩塍两旁隙地，召募勤实农人管种，免其租税，责令看守塘坝。如有奸人肆衅，盗掘泄水者，即便呈县拿问申处，以警其奸。又于湖之东北堤及五亩塍一带，立置石碑二座，上刻察院禁谕，永远不许侵占，敢有倚恃势豪，仍旧围田盖屋者，许诸人首告，照先年奏准事例，从重问治，立界遵行。是故思患预防，劳身焦思，当事不避，居谤不疑，一洗积弊，以垂永利，毋使陈、归、杨三君子专美于前，诚有望于当事者，庸书以俟。

《重筑西兴塘碑记》

明嘉靖年间重修萧山西兴塘的记载

《重筑西兴塘碑记》又名《萧山西兴塘记》，是明代温纯所撰写的关于嘉靖十四年（1535）绍兴知府萧良干会同萧山县令等重修萧山西兴塘的文

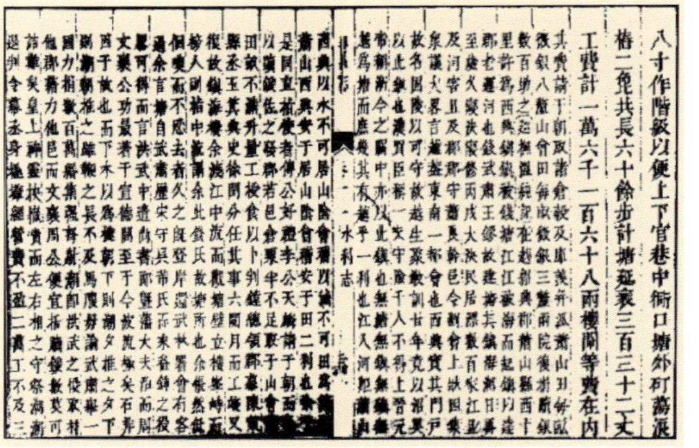
八寸作階級以便上下官巷中衙口塘外河蕩派
椿二兜共長六十餘步計塘延袤三百三十二丈
工費計一萬六千一百六十八兩積閘等費在內

重筑西兴塘碑记（清康熙《萧山县志》）

注：温纯（1539—1607），字希文，陕西咸阳三原人。明嘉靖四十四年（1565）进士，历任知县、巡抚、工部尚书等职。《明史》载："（温）纯清白奉公，五主南北考察，澄汰悉当，肃百僚，振风纪，时称名臣。"他一生为创建地方公益事业不遗余力，虽三朝为官而家无积。万历十二年（1584），曾以大理卿改兵部右侍郎兼右副都御史，巡抚浙江。

献。他在此文中回顾了西兴镇的历史和萧山海塘的历史和作用，对于此次修筑的具体情况进行了说明，是关于西兴镇及钱塘江南岸海塘的重要历史资料。

重筑西兴塘碑记

〔明〕温　纯

在绍兴郡萧山县，西十里许为西兴镇。镇被钱塘江，江被海。而起镇以达郡者，运河也。钱武肃王镠故建塘其镇，海潮日再至，岁久寖决寖修。丙戌大决，民居漂数百家，江且及河，害且及郡。

郡守萧良干、邑令刘会上状，因集众议。大略言：越盖东南一都会也，西兴实其门户，故名固陵，以可守故。越生聚教训廿年，竟以沼吴，以此镇也。汉买臣称一夫守险，千人不得上。晋元帝称浙今之关中，亦以此镇也。

无塘无镇，无镇无越，为塘而庶几其有越乎，一利也。江入河即萧山、西兴，以水不可居；山阴、会稽以卤不可田。为塘而萧山、西兴安于居；山阴、会稽安于田，二利也。余于是同直指使者傅公好礼、李公天麟请于朝，而各以赎锾佐之，发郡若邑仓粟半，不足取于山、会、萧田亩不满升，量工授食。以卜判镗总领，郡幕陈策、县丞王箕、典史徐闵分任其事，六阅月而工竣。又复故镇海楼。

余渡江中流而观，塘壁立、楼峰峙，而榜人则指中流谓余："此钱氏故塘所也。"余怅然低徊，叹而不忍去者久之。既登岸，还武林署，会有客过余，言："塘自武肃历宋守吴芾氏而来，畚锸之役略可得而言。洪武中遣尚书郎暨藩大夫治，而周文襄公功最著。于宣德间沿至于今，波流极矣，石非因于故也。而下木以为楗，朝下则潮夕推之，夕下则潮朝推之，虽鞭之长不及马腹，毋论武肃举一国力，捐数百万缗，集强努射潮。即洪武之役，取材他郡，藉力他邑，而文襄周公便宜括赎锾，数莫可诘难矣。主上神灵，岳渎挟盼蚼而左右相之守，祭潮潮退，判令幕丞身橇檋经营，费不盈二万，工不及三时，人力不至于此，岂禹陵庙在越，而阴以浚川刊木之烈导耶？何成之易也。越自是有禆而公中流叹者何？”

余应之曰：“若谓越而有此塘乎？胡不求钱氏塘以观之也。今天下大患在失时，在诿事。孔子曰：‘使民以时’，其以农隙解者，语时一端耳。及时则事半功倍，逾时则事倍功半，不待智者而后知也。而事半功倍或不以功名，事倍功半则以其劳苦费多而功之矣。是以汉廷有曲突徙薪、焦头烂额之喻。今之守令无能名，一钱费以万计，不效则有文法，效则亦有唇吻。以故事即不可已，苟可缓目前，即遗大费于后，曰后之人之责也，文法、唇吻，我无与耳。今日之役，盖迫于江且及河，害且及郡而为之也，亦会今之守若令，皆任事人也。语曰：‘蚁穴不塞，将成江河。’夫人而不蚁穴忽也，费或无事于万。而钱氏塘与西兴数百家居在今以往有不蚁穴忽者，而越庶几其有此塘乎？不然，余恐后之视此塘，亦犹今之视钱氏塘也。而越奚禆？余故不能不临流而叹。”客曰：“善。”

故记此以告后之守令，因以自警。事固有类此者，其味孔子时使之言，鉴失时诿事之弊，察蚁穴江河之戒，毋若此役之迫于江且及河、害且及郡而为之也。

一语道破治水良方

《运河议略》

《运河议略》比较全面地记述了当时杭州市内的运河系统，其存在的问题及疏浚建议，具有较高的学术和历史价值。

运河议略

〔明〕沈守正

杭城之水，有上、中、下三河，转辗递注，皆受西湖之水。水三道入城，一由涌金水门，一

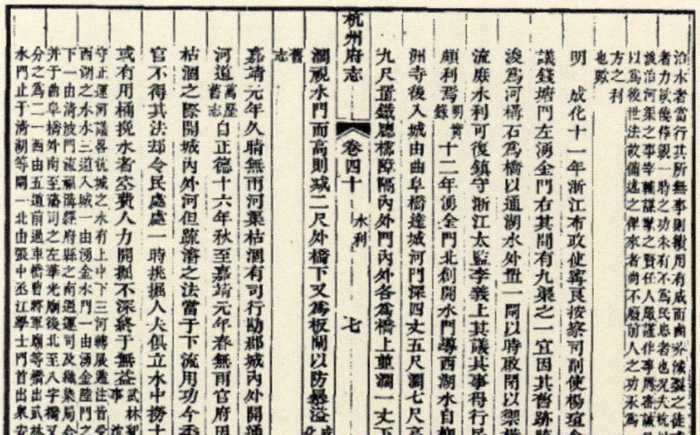

以爲後世法故備述之俾來者尚不廢前人之功永爲一
方之利也歟
明 成化十一年浙江布政使寗良按察司副使楊瑄僉
議錢塘門左涌金門右其間有九渠之一宜因其舊跡疏
浚爲河構石爲橋以通湖水外豎一閘以時啟閉以禦橫
流庶水利可復鎮守浙江太監李義上其議其事得行民
賴利焉明實錄十二年涌金門北創開水門導西湖水自柳
洲寺後入城由曲阜橋達城河門深四丈五尺闊七尺高
九尺置鐵窗櫺障隔內外門內外各爲橋上並闊一丈下

杭州府志 卷四十 水利 七

潤視水門而高則減二尺外橋下又爲板閘以防暴溢成化舊志
嘉靖元年久晴無雨河渠枯涸有司行勘郡城內外開通
河道萬曆舊志自正德十六年秋至嘉靖元年春無雨官府因
枯涸之際開城內外河但疏濬之法當于下流用功今委
官不得其法乃令民處處一時挑掘人夫俱立水中撈土
或有用桶挽水者空費人力開掘不深終于無益武林紀事
守正運河議略杭城之水有上中下三河轉展遞注皆受西湖之水水三道入城一由涌金水門一由涌金陸門之下一由清波門流福溝經府縣之南過運司及織染局合并于曲阜橋外南至諸司之左華光廟後北至八字橋又分之爲二一西由五道前過車橋曾將軍廟等橋出武林水門止于清湖等閘一北由張中丞江學士門首出衆安

运河议略（清乾隆《杭州府志》）

注：沈守正（1572—1623），字无回，钱塘人，著有《四书丛说》《雪堂集》《浚河仿倭议》《诗经说通》等。

由涌金陆门之下，一由清波门流福沟，经府、县之南，过运司及织染局，合并于曲阜桥外，南至藩司之左、华光庙后，北至八字桥，又分之为二。一西由五道前过车桥、曹将军庙等桥，出武林水门，止于清湖等闸。一北由张中丞、江学士门首，出众安桥外又分而为二。往南则由千胜庙等桥逆流而上，至清泠桥迤东入新宫桥运河，过通江桥，直出风山水门，越南新、海月等桥，抵浙江驿之南龙山闸而止，溢则流出于江。一分入军门前过军桥，而东越保安等桥，出候潮水门，至永昌、会安二坝而止。往北则由度生桥、贡院西桥、天水等桥顺流而下，亦出武林水门，会于清湖等闸而止，溢则分流而出下河，是曰上河。其会安坝内，有清凉、柳林二闸，泄入五里塘、东新关、李王塘一带，至海宁长安坝而止。南则溯流入艮山水门，上至盐院东首断河头而止，是曰中河。总上河、中河诸坝闸之水，溢而下流，舟楫四通，东至于海，北达京师，是曰下河。三河除下河无容议外，中河沈塘湾一带，每遇亢旱辄成龟坼，究其病根，中河受沙河之水，而沙河实受上河所泄之水，惟上河通湖之脉不浚，故中河受委之流易枯，此其病亦在源而不在委也。至于上河亦是有源有委，涌金水门与涌金陆门、清波流福沟入城，三处湖水此诸河之源也；城中诸支河，湖水之委也。议者急运河而缓支河，次急支河而不思深广。涌金水门之水是急委而略源。非探本之论也。查涌金水门，开自成化十一年，左布政使宁良丈尺与八字桥、众安桥诸河等舟楫流通，民赖其利。嘉靖乙卯，倭变防守，始以石栏阻之。今为民居占蚀，仅同沟洫，诚得发愤开通，一如旧制，则湖水大注于支河，则支河不壅。支河不壅，则运河可不烦开浚而自成深广。所以然者，运河河身原足受水，又南北商船，日夜鳞次，此豪强所不敢侵，亦秽草所不能塞，所以时见涸竭者，支河之水无源故耳。支河之水无源者，湖水不得大进故耳。盖今日之病不患无河，独患无水；不患河之不能受，独患河之不能通。若不议开涌金水门，而徒事荷锸，一二年间又见其复塞也已。

《钱邑苕溪险塘杂记》

关于苕溪险塘治理的记述

鉴于清光绪八年（1882）以来家乡水灾频发，光绪九年（1883），仲学辂撰《钱邑苕溪险塘杂记》，认为：“今欲为三郡策万全，当先为钱邑塘闸策万全，欲为钱邑塘闸策万全，莫若先浚溪底，次议山厂。”

辑自载民国《浙江省通志馆馆刊》第1卷第2期，《杭州水利志》《余杭水利志》均有收录。

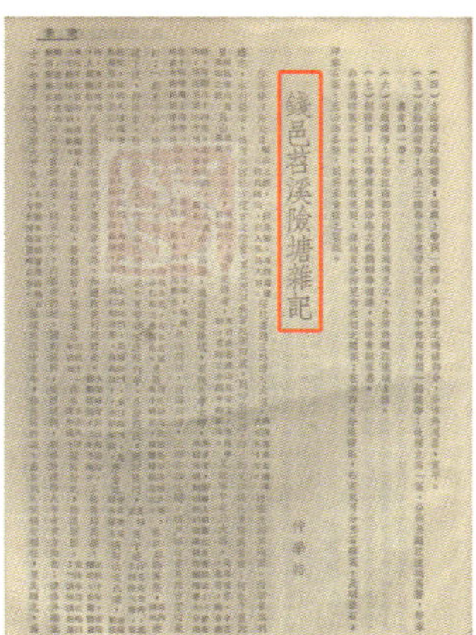
錢邑苕溪險塘雜記

仲學輅

钱邑苕溪险塘杂记（《浙江省通志馆馆刊》1945年第1卷第2期）

钱邑苕溪险塘杂记

〔清〕仲学辂

苕溪发源于天目，经杭、嘉、湖三郡而入太湖，绘在皇朝舆地图，而浙江省水利通志、水利备考、钱唐新旧县志，复言之凿凿，要其所以资蓄泄、卫田庐，则恃有闸塘，而三郡尤以钱邑塘闸为首重，何也？盖天目万山，三面出水，其东趋者，又流

注：仲学辂（？—1900），字卯庭，清钱塘长命乡仲家村（今属杭州余杭区）人，清代医家。同治元年（1862）举人，授宁波教谕。曾主浙江医局，在任期间，治愈患者数万人。其不但精医，对故乡水利事业也十分关心，著有《钱邑苕溪险塘杂记》《南北湖开浚记》等文。

南、北、中三大溪（是为南苕、中苕、北苕），浩浩荡荡绕出临安、余杭，至钱邑孝女乡始合为一，每遇淫雨，波涛汹涌，三郡在吞吐间。明户部尚书夏原吉望而叹曰："朝见平沙，晚没苕花，此殆患区乎？"患区常以邻郡为壑，而疏下流，抑洪水，始于钱武肃王，惜其事已无可考。

可考者，宋淳熙六年分段筑堤，间以陡门，为十塘（总名西险大塘，皆栽松，故明人称"西塘古松"为苕溪十景之一），五闸（化湾陡门、角窦陡门、安溪陡门、乌麻陡门，奉口陡门。化湾最险，奉口与仁和分界，自此以下水势渐缓）所自起。明则洪武、永乐、正统、万历，代有修建。夏原吉之外，如通政司赵君荣、工部侍郎周经，皆以廷诣勘，发帑经营。县主叶公、聂公踵而行之，塘闸斯固，以其地当冲要也。越百十年，而固者仍圮。

国朝龙兴，爰照明例，创修于康熙八年者，袁方伯也。续修于雍正十一年者，秦太守、李大尹也。惟康熙五十五年，修龙冈西塘，出自魏邑侯捐资独任。里民颂之，为立碑。由雍迄乾，唐、周两大尹继起，定为各里保护塘险（计长五千六百余丈），优免徭役，大修动帑，民承岁修，前后禀承太子太傅、文华殿大学士兼吏部尚书、总理浙江海塘、兼管总督巡抚印务嵇公。批饬勒石，今本府头门免役碑是也。抑问之，唐公、周公与明季叶公、聂公，皆按月巡塘，与民分忧，故办理如法，乾、嘉之际，塘患少安。道光纪元，余邑北乡搭厂，千百年之厉禁忽焉废弛，于是，搭厂者之蔓延山谷，日事垦削，一经雨洗，泥沙随山水而下，直到三大溪交会之所，盘旋停顿，溪底积累既久，高以丈计（余杭南湖、北湖同病）。状如覆盆，既不能廓乎有容，则水来易盈（溢塘），水去易竭（露底）。下游属邻郡（嘉兴湖州），其承受上游之水，翻觉来速去迟，此旱潦所以不均，荒歉所由迭见也。

自是上游塘面渐因溪底而加高，高犹不足，复因水溢而大溃，（道光以来渐以塘溃为常事，凡遇修筑，非委员督办，即庄首承办，无论帑银敷不敷，必再摊派，自是里民受累无穷矣！）溃在上游，下游虽有塘闸，安所用之？譬如北门一开，腹背无不受敌，掌北门之管者，可弗矜慎哉！光绪八年中夏，大水溢塘，溃者五处，矬陷坍塌之类，几难指数，其时三郡同为巨浸，议者均归咎于塘（东海大塘坍溃，三郡偏灾，西险大塘坍溃，三郡全灾，缘杭郡地高为经水灾处，嘉湖田最低，为盛水处也，旧称两塘并重，尤以西险大塘为三郡命根）。延至是冬，无谋及者。临安县知县赵明府时为钱邑宰，心窃异之，因与同善绅士金少伯、丁松生等会筹款项，估计工料，次春备案上详，由县给发清单，照会城乡各绅董，传知各里庄首具结承领，协同商办。办至次年七月，大水又来，恃以无恐。虽然，此特小补云尔。若前次水为塘患，其病酿于溪底，起于山厂，而滋毒遂遍于三郡，而贻害乃延及于国计民生，今欲为三郡策万全，当先为钱邑塘闸策万全，欲为钱邑塘闸策万全，莫若先浚溪底，次议山厂。凡有血气者，咸翘首以俟社稷臣云。

（原文夹注，略有删节）

水乡非遗

杭州春望

〔唐〕 白居易

望海楼明照曙霞，护江堤白踏晴沙。
涛声夜入伍员庙，柳色春藏苏小家。
红袖织绫夸柿蒂，青旗沽酒趁梨花。
谁开湖寺西南路，草绿裙腰一道斜。

钱王传说

钱王功绩 千年流传

五代十国时期，诸侯割据，兵燹四起，民不聊生。但位于江南两浙一带的吴越国，却是人间乐土："其民至于老死，不识兵革，四时嬉游，歌鼓之声相闻。"创造这一乱世奇迹的，正是钱镠。钱王传说，就是以吴越国王钱镠生平事迹衍化而成的民间传说。

临安吴越国王陵　临安区水利水电局提供

钱镠，杭州临安人，五代后梁初受封吴越王，兼淮南节度使，据有两浙十三州之地，为吴越国的建立者。钱镠在位期间，以保境安民为国策，兴修水利，扶植农桑，发展海上交通，使吴越之富“甲于天下”，奠定了太湖流域成为“鱼米之乡”和苏杭成为“人间天堂”的经济基础。后梁开平四年（910），钱塘江潮汹涌，危及杭州塘岸，钱镠发夫20万筑捍海塘。以土塘不成，遂创竹笼填石筑塘，世称“钱氏捍海塘”。钱镠还疏浚杭州城内外运河及西湖，引湖水以济城内运河，并于钱塘江边建龙山、浙江两闸，御咸阻沙，控制江潮进入城内运河。组建七八千人的“撩浅军”，专为太湖、西湖除葑清淤。在太湖流域普造堰闸，以时蓄洪，不畏旱涝，并建立水网圩区的维修制度。后梁贞明元年（915），置“都水营田使”一职，专司农田水利。钱镠曾疏浚鉴湖，削平钱塘江罗刹石，改善航运条件，发展海运。

钱王去世后，葬于临安。临安吴越国王陵位于临安区锦城街道衣锦街。陵园占地面积约68000平方米，墓坐北朝南。墓茔为一大圆形封土堆，高9米，长宽各50米。1997年，重葺墓道，添置牌坊、钱王祠。2001年，临安吴越国王陵被列入全国重点文物保护单位。

为纪念钱王，北宋熙宁十年（1077），杭州地方官员赵抃在玉皇山上建造了一座“表忠观”。表忠观在元代被毁，明嘉靖三十九年（1560），浙江督抚胡宗宪将西湖边的灵芝寺改建为表忠观，此后几废几建，现存钱王祠主要是民国年间修建，2003年重建的。钱王祠位于杭州南山路钱王祠路11号，坐东南朝西北，面向西湖，有山门1座、五王殿1座、献殿1座、碑亭2座、功臣堂2座、揽远堂1座、怀慎堂1座、庆系堂1座、依光堂1座、阅礼堂1座、戏台1座。2003年，钱王祠被列入杭州市市级文物保护单位。

“元宵钱王祭”是钱氏家族后裔对其先祖钱镠等人的节日祭典。杭州的元宵钱王祭一度衰落，几乎泯灭。近年来，随着钱王祠的重建，以及钱氏家族后裔、地方热心人士的共同努力，得以发现清同治七年（1868）的钱氏家族《元宵祭规条例》一份，并在此基础上成功地恢复了“元宵钱王祭”。祭祀仪式包括击鼓撞钟、供放祭品、敬香、恭读祭文、齐唱《钱王颂》、恭读《钱氏家训》、行礼等9个环节。元宵钱王祭已形成了一种颇具特色而又有较大影响的节日民俗传统，2008年被列入浙江省非物质文化遗产名录。

临安是钱镠的出生地和归息地，一直有祭祀钱王风俗。清宣统《临安县

功德崇坊（清雍正《西湖志》附图）

志》载："钱武肃王墓……明正德间浙江按察佥事许瓒，复墓侧侵没山田……"清代学者阮葵生所著《茶余客话》也有"乾隆巡幸江浙，谕吴越王钱镠等先贤祠墓均赐祭"等记载。据世居临安的钱氏后裔介绍，其祖辈一直保留清明钱王陵祭祖的传统，直至抗战爆发才被迫中断。2011 年，临安市恢复举办"清明恭祭钱王"活动，祭祀仪程包括撞钟击鼓、敬奉供品、净手上香、行施拜礼、恭读祭文、颂歌钱王、乐舞敬拜、诵读家训、敬献花篮等内容。

钱王传说源远流长，其传说故事千百年来在临安坊间广为流传、家喻户晓。宋元笔记中，及潜说友《咸淳临安志》、刘一清《钱塘遗事》等地方志中均有记载，随着文化的传播，扩展到全国各地，甚至扩展到美国、日本、韩国、新加坡

钱王射潮

等国家。钱王传说的内容十分丰富，有钱王生平、家世的传说，钱王见义勇为、智勇过人的传说，钱王艰苦创业、建功立业的传说，钱王除暴安良、关心百姓疾苦的传说，还有一批地名传说、地方风物及风俗传说。其中，最为著名的是“钱王射潮”。

2011 年，钱王传说被列入国家级非物质文化遗产名录，中国民俗学会在临安建立了中国钱王传说研究中心。与此同时，临安多次举办钱王文化艺术节，举行祭祀钱王等活动，出版《钱王传说集成》。

钱氏三代五王遵循的“善事中国”“保境安民”“纳土归宋”所构成的钱王文化，也逐渐成为一个富有生命力、创造力和融合力的区域文化标志。

五常龙舟胜会

水乡非遗显神威

五常龙舟胜会是西溪五常一带的一项传统民俗文化活动。民间仪式性的民俗活动主题往往与信仰目的有着紧密的关联。西溪一带地处江南水乡，从良渚文化的龙崇拜意识开始，龙的信仰在西溪地区就有着深厚的历史根源。作物耕作必须风调雨顺才能有好收成，而在中国传统文化中，

五常龙舟胜会　余杭区文化和广电旅游体育局提供

五常龙舟胜会　余杭区文化和广电旅游体育局提供

龙普遍被认为是一种执掌天下旱涝、兴云播雨的神灵。五常龙舟胜会的起源，与崇龙、祭龙、模仿龙、驱旱求雨或止雨祈晴、祈求丰收增产密不可分。

五常龙舟胜会延续至今已有500多年的历史。相传，清乾隆皇帝南巡江南，观赏五常龙舟，称之为“龙舟胜会”，自此声名远播。也有民间说法，明朝尚书洪钟隐居五常，在农闲之时的五月，将乡民们劳作用的小木舟配以龙头，举行龙舟比赛，后演变为“闹龙舟”。无论是哪种传说，均无据可查，但数百年来，每年端午赛龙舟已经成为五常人民不可缺少的民俗活动，从未间断过。目前，五常一带村村都有龙舟。划龙舟是个集体项目，展现了一个村坊的精神面貌，具有群众性、自发

五常龙舟胜会　余杭区文化和广电旅游体育局提供

性和民间传承性，体现了凝聚力和和谐度。竞技巧、闹龙舟是五常龙舟胜会的显著特点。

“五常龙舟胜会”的活动十分隆重，一般在端午节前一周开始。龙舟有满天幛龙船、半天幛龙船、赤膊龙船三种样式，活动的整个过程又分为“喝龙船酒”“请龙王”“披红”“赛龙舟”，最后还有“谢龙王”等流程。其中，“请龙王”、讨飨、披红、抱小孩、赛龙舟、龙船水洗门槛、谢龙王、喝龙王酒等都是五常龙舟胜会中的特色习俗。

五常龙舟胜会，是乡土文化的传承，同时也是先民治水愿望、行动的具体体现，具有重要的历史文化价值。2008 年，入选国家级非物质文化遗产名录。

水乡非遗

河上龙灯胜会

龙灯起引　风调雨顺

河上龙灯胜会起源于南宋绍兴年间（1131—1162），是民间对于龙图腾的一种水表演艺术。古时人们认为龙掌管四海水事，农业社会祈求风调雨顺，因此龙成为信仰和图腾。每年元宵节期间，以杭州萧山河上镇溪头村为中心，以板龙表演为主，融合马灯、高照等民间艺术元素，将开展持

河上板凳龙　韩立明摄

龙灯开光盛典　王锦荣摄

续时间长达五天的大型龙灯民俗表演活动。

河上龙灯主要包括“开光大典、出灯、闹元宵、化灯”等仪式，具有很高的地方文化史价值和艺术审美价值。河上龙灯胜会的主要组成部分之一是板龙舞，板龙舞分布在多个村庄，且每个村庄的龙稍有差异，溪头村的老龙、朱家村的二龙、伟民村的三龙、里都村的青龙、凤坞村的黄须龙、下门村的红须龙、江家桥自然村的带子龙等，这些村庄都独立制作板龙，参与龙灯胜会表演。在整个元宵灯会期间，板龙舞的表演最为精彩热闹。神龙起舞，锣鼓喧天，有“神龙抢珠”“元宝抽心”“柴爿扣”“反柴爿扣”“跑马阵”“梅花阵”“四方阵”“三角阵”“风炉栅子”等精彩的龙舞阵式，变幻莫测，让人目不暇接。

河上龙灯胜会在杭州萧山区有着广泛的群众基础与深远的文化感召力和影响力，是萧山区非

河上龙灯　盛仁昌摄

物质文化的珍贵遗产。2014 年，河上龙灯胜会入选第四批国家级非物质文化遗产项目。

河上龙灯传承人傅叶茂自小就参与板龙的盛大盘舞，在 10 多岁的时候开始接触龙头龙尾的制作工艺，至今已有 60 年。这 60 年来，特别是 1978 年板龙舞获得新生之后，傅叶茂一直致力于板龙核心部分龙头和龙尾的制作工艺，他不仅承袭了祖辈的技艺，还访师结友，博取众家之长，成为河上板龙制作特别是凿花技艺的代表性传人。

傅叶茂不仅是制作板龙的高手，还积极推动非遗文化的传承，他主动上门去学校传授技艺，每周二到河上镇中心小学给孩子们上兴趣课，介绍板龙历史并向有兴趣学艺的学生传授技艺，让孩子们在感受身边文化魅力的同时，能亲身体验板龙制作的精髓。2018 年，傅叶茂被评为国家级非物质文化遗产项目代表性传承人。

楼塔细十番

十番丝竹　禹事遗音

楼塔细十番诞生于600多年前的明代，它歌颂大禹治水的功德，表达人们期盼风调雨顺，向往美好生活的愿望，一直传承至今。楼姓为大禹之后，明代宫廷御医楼英辞官返乡时，将“十番”音乐带入家乡，并以曲会友，各种古典套曲逐渐流传。

萧山区楼塔细十番演出　金仲侯摄

楼塔细十番表演　杭州市萧山区非物质文化遗产保护中心提供

“十番”是中国传统器乐合奏乐中重要的乐种之一，“十”是泛指的多数而言，“番”是翻花样或变化之意。十番是指不同的曲牌，不同的曲调在一起演奏，并翻来覆去地进行曲调变换。楼塔细十番是用十种乐器演奏，由若干曲牌与锣鼓段连缀而成的套曲。楼塔细十番以古典套曲“望庄台”“一条枪”和“八板”为演奏内容，三个曲牌前后呼应，层次分明。望庄台展示的是大禹治水成功后，江山壮丽多娇，人民安居乐业，表达了老百姓对美好生活的热爱和向往。一条枪展示的是大禹带勇士们治理险恶洪水的场面，曲牌以稳扎稳打的节奏，集中展现了治理者疏浚江河，抬石板、打木桩等场景。八板展示的是大禹用堵疏结合的办法治水成功后，大地一片祥和，劳动人民经过辛勤劳作，五谷丰登，颗粒归仓，于是人们为此庆祝，载歌载舞，彻夜欢庆，八板以明快欢乐的节奏展现轻松热烈、锣鼓喧天的欢庆场面。楼塔

国家级非遗项目——楼塔细十番　沈雷摄

细十番曲调优美，悠扬悦耳，演奏风格古色古香。

为保证楼塔细十番的延续，楼氏宗祠规定：凡细十番队伍经过的路上，都要清理干净，不得喧闹，以表敬重。因为与大禹有关，楼塔细十番被当地奉为“圣音”，约定不祭鬼神，不进婚嫁、丧事和寿庆门庭，不论贫贱富贵，一律共享不得私占。

楼塔细十番传承人楼正寿是萧山区楼塔镇人，他 9 岁起跟随其父楼如竹学习细十番，熟练各类乐器，尤其擅长板胡演奏。其演奏风格根据不同的曲牌既细腻又粗放。20 世纪 80 年代末期，为振兴楼塔细十番，楼正寿积极奔走，重新组织有基础的村民练习、表演楼塔细十番。自 2007 年担任楼塔细十番协会会长以来，楼正寿组织会员开展活动，参加各种演出，还主动与楼塔镇中心小学等几所学校联合，组建楼塔细十番乐队，培养楼塔细十番下一代传承人。2008 年，楼塔细十番被列入第一批国家级非物质文化遗产扩展项目名录。

钱江观潮

千年潮涌 勇立潮头

“八月十八潮，壮观天下无”，钱塘江因特殊的喇叭状出海口，形成了举世罕见的涌潮奇观。又因这一自然奇观，在钱塘江一带逐渐形成了与潮相关的一系列文化习俗，其中最著名的是钱江观潮。

钱江观潮早在汉魏时就已蔚成风气，至唐宋时，此风更盛。北宋诗人潘阆的《酒泉子》中写道：

钱塘江涌潮 张志坤摄

钱塘江

“长忆观潮，满郭人争江上望。来疑沧海尽成空，万面鼓声中。　　弄潮儿向涛头立，手把红旗旗不湿。别来几向梦中看，梦觉尚心寒。”这首词也是“弄潮”与“观潮”活动的真实写照。到了南宋，朝廷曾经规定，农历八月十八这一天在钱塘江上校阅水师，此后相沿成习，八月十八逐渐成为观潮节。

在钱塘江沿线都有观潮的习俗，杭州萧山区南阳街道的美女坝是著名的观潮点。2009 年，钱江观潮项目入选第三批浙江省非物质文化遗产。

钱江潮有变化多端、异常壮观的交叉潮，正如诗中所写的“海面雷霆聚，江心瀑布横”，两股相撞的潮在碰撞瞬间，激起一股高达数丈的水柱，浪花飞溅，惊心动魄。也有回头潮，咆哮而来的潮水遇到长长的拦河丁坝后，猛烈撞击堤坝并以泰山压顶之势翻卷回头，形成数丈高的“雪山”，声如狮吼，惊天动地。美女坝有时还有冲天潮——这是发生于堤、坝相交处的特种潮，也是最具欣赏魅力的潮——只见潮水如同被网兜兜住一样，在堤坝相交转弯角处，潮水哗一声碰撞巨响，潮头直冲云天，激起低者二三米，高者可达十多米的水柱，清代谭吉璁的诗中写道“赭山潮势接天来，捍海塘东石囤摧”，说的正是冲天潮。此外还有鱼鳞潮、波纹潮、二度潮、兜潮等潮形。

众所周知的还是一线潮，这种潮往往未见潮影，先闻潮声，随着响声越来

万人争看钱江潮

越大，只见雾蒙蒙的江面出现一条白线，犹如“素练横江，漫漫平沙起白虹”，再近了，白线变成一堵水墙，逐渐升高，有万马奔腾、雷霆万钧之势，“欲识潮头高几许，越山浑在浪花中”。

为了观潮，这一带的民众还传承着计算潮汐的传统知识，还有弄潮、祭潮、镇潮、抢潮头鱼等技艺和习俗。2013年，抢潮头鱼项目被列为区级非物质文化遗产。

每当潮水席卷而来时，钱塘江中的鱼类也会被潮水冲晕，随着混浊的潮头滚向滩涂，这时居住在江边的人们就在滩涂的涌潮中勇抢潮头鱼，既获得美食，又可谋生。钱塘江中有白鲢、花鲢、鲻鱼、鳊鱼、鳗鱼、鲈鱼等优良野生鱼类，这一带老百姓也有食“江鲜”的传统。当然，抢潮头鱼的风险很高，对抢鱼者的水性和技巧都有很高要求。抢潮头鱼时，人们扛着潮兜，站在沙滩上等着潮水的到来。当江面上的一条白线自远而来，化成跟前呼啸的潮水时，他们也开始随潮奔跑，看到有鱼，就转身一跃跳进潮中，用潮兜用力一捞，再迅速地跳出潮头。

滚滚钱江大潮，白天波澜壮阔，夜晚诗情画意。看潮是一种乐趣，听潮是一种遐想。古时抢潮头鱼是钱塘江沿线人们谋生的手段，现代钱江观潮是弄潮儿勇立潮头精神的延续。难怪有人说“钱塘郭里看潮人，直到白头看不足”。

富春江渔歌

富春江渔民的文化记忆

“前手拖来你吃落”（“先啄住的你先吃”），

“拉大肩里寻来”（“咬住鱼的肩头拉来”）……

捕鱼人的歌便是渔歌，渔歌是中国民歌的一种。海洋捕鱼有渔歌，淡水捕鱼也有渔歌，这些渔歌内容各异，曲调有别，依着各地的民俗，唱出捕鱼人的辛劳，歌唱大自然的瑰丽，唱响生命的力量。淡

富春江渔歌反映的场景（摘自《桐庐非遗集萃》　桐庐县林业水利局提供）

水渔歌传唱于江河湖泊，又与当地的地理民风相契。

据记载，富春江上的船民，历史上被称为“九姓渔民”。据说在元代末年，陈友谅意夺天下，自立为王；朱元璋称帝后，建立明朝，陈友谅九姓部属被贬罚为富春江严陵滩头“贱民”，并规定以船为家，不得上岸定居，后来这些“贱民”以从事捕捞和运输为生，即为“九姓渔民”。渔民们生活在江面上，多以网捕作业，但其中有不少渔民畜养鸬鹚为捕捞工具。在捕鱼时，人与鸬鹚相互配合，主人指挥鸬鹚下水捕鱼，用吆喝声进行沟通。于是各种吆喝声形成了劳动号子，而这种曲调就成了《鸬鹚调》，“富春江渔歌”也就应运而生。

“富春江渔歌”主要作品有《吐蛋调》《夏季扜甲鱼调》《春季赶鱼调》《春秋扜水草鱼调》《冬季扜深水鱼调》等。《鸬鹚调》按春夏秋冬扜甲鱼、水草鱼、深水鱼等不同鱼种，在不同的季节，吆喝不同曲调；歌词大部分为“喔、嗬、吔、嗨、呦”等语气，类似于人与动物之间感情沟通的一种特别语言；曲调多用散板，上下滑音、倚音，格调粗犷，具有浓厚的地方特色。

随着社会经济的不断发展和生活方式的不断变化，依附江河捕捞作业的生产习俗日益消退，渔民也从水面走上了陆地改行就业，人们很难再听到渔民的歌声，唱渔歌也逐渐成了一种文化记忆。

2009 年，富春江渔歌被列入浙江省非物质文化遗产名录，2016 年又被列入第二批杭州市非遗濒危项目。近年来，桐庐县对富春江渔歌进行挖掘整理，通过录音、录像、文艺宣传等方式进行保护和传承，富春江上祖传的“老腔调”，承载着渔民刻骨铭心的乡愁实现“回归”。

水利千秋

酒泉子

〔宋〕潘　阆

长忆观潮，满郭人争江上望。
来疑沧海尽成空，万面鼓声中。

弄潮儿向涛头立，手把红旗旗不湿。
别来几向梦中看，梦觉尚心寒。

新安江水电站

新中国水电事业史上的一座丰碑

西子三千个，群山已失高。
峰峦成岛屿，平地卷波涛。
电量夺天日，降威绝旱涝。
更生凭自力，排灌利农郊。

郭沫若

调令如山，九孔泄洪　刘柏良、张红临摄

建设中的新安江水电站　建德市水利局提供

中华人民共和国成立之后，随着国民经济的恢复和发展，华东地区特别是上海市，工农业发展迅速，生产和人民生活用电也随之增长，需电殷切。为了解决上海市和华东地区的用电需求，开发利用钱塘江水能资源就被提上议事日程。

从 1952 年开始，全国调集了 3000 多名勘探人员，对新安江沿岸进行地质勘察，并让华东水电设计院、浙江水利电力设计院等单位进行设计方案的筹备。1954 年 7 月，国家水力发电建设总局提出新安江水电站坝址、工程规模的建议方案。1955 年 10 月,铜官峡谷被选定为新安江水电站坝址。1956 年 6 月 20 日，国务院批准新安江水电站正式列入第一个五年计划和 1956 年计划。7 月底，新安江水电站初步设计在上海完成。两个月之后，在建德铜官建设新安江水电站的准备工作就开始启动。同年 11 月，淳安茶园紫峰乡芹坑村的村民开始了搬迁，36 户 171 人迁往桐庐县横村乡，水库移民拉开了序幕。为了这座水电站，淳安、遂安两座县城及 1377 个村庄、30 余万亩良田被淹，29 万人迁居他乡。“舍小家为大家”的淳安人肩负起国家使命，给后人留下无限的时代精神财富。

1957 年 4 月 1 日，新安江水电站正式破土动工。从 1957 年开始，全国各地数以万计的建设者云集新安江，参加水电站的建设。他们中有来自丰满、官厅、模式口、三门峡等水电站的技术干部、工人，有从萧山、义乌、东阳等县赶来

新安江电厂大坝右岸基坑

的土建工人，还有刚从水电学校毕业的学生。没有风钻，就挥动18磅榔头，将钢钎扎进岩石，打出一个个炮眼；没有挖土机、汽车，就用畚箕装渣，靠肩膀搬运；没有电灯，就点油灯照明。坚持日夜三班施工，用汗水迅速改变荒山野岭的面貌……他们自力更生、艰苦奋斗，他们以“让高山低头，叫河水让路”的英雄气概，与洪水搏斗，向大自然开战，谱写了一曲中国水电建设史上的英雄赞歌。

工程开工后，遇到的困难特别多：1959年2月，左岸堤头的山坡大面积塌方，压住了左岸基坑，打乱了原计划左岸先发电的建设方案；2月中旬，新安江流域遇到了罕见的桃花汛，水位猛涨，洪峰流量达每秒3800米，上游围堰30米高程以上的木笼全部冲毁……最大的困难还是水泥——由于水泥供应脱节，大坝浇捣被迫从1958年12月21日起停工，且一停就是半个月。而且水泥不仅数量得不到保证，质量也成问题。工程建设不得不使用各种不够标号的水泥，这严重影响了工程的质量，第16坝段就由于水泥质量的问题，不得不把浇好的坝体挖掉重来。

在工程施工遇到重大困难的时刻，1959年4月9日，周恩来总理亲临工地视察，对新安江水电站建设作了重要指示，并挥毫题词：“为我国第一座自己设计和自制设备的大型水力发电站的胜利建设而欢呼！”

新安江水电站建设过程中，创造了许多的“绝活”。上海水力发电勘测设计

新安江水电站建设场景

院在设计中采用坝后式厂房顶溢流布置，有效消解了水流对河床的冲击，也为我国在峡谷中布置大型水力枢纽开辟了途径。新安江水电站设计副总工程师潘家铮带领他的团队，创造性地将原设计的实体重力坝改为宽缝重力坝，首创抽排理论降低坝基扬压力，为大量节省工程量、提前发电作出贡献。第二工区围堰队队长、“红色潜水员”姚新根创造性地提出了将木笼分爿沉放，再加高加宽的方法，并创造了单日沉放木笼6只的全国纪录。重型机队队长史荣福组织起一支突击队，用被起重工称为“两步搭”的土设备，仅仅用4个月，完成了外国专家说要8个月才能完成的缆机安装。

1959年9月21日，封堵了最后一个导流底孔，水库开始蓄水，新安江水电站首台发电机组开机发电，比原定计划提前了20个月。同年9月开始向

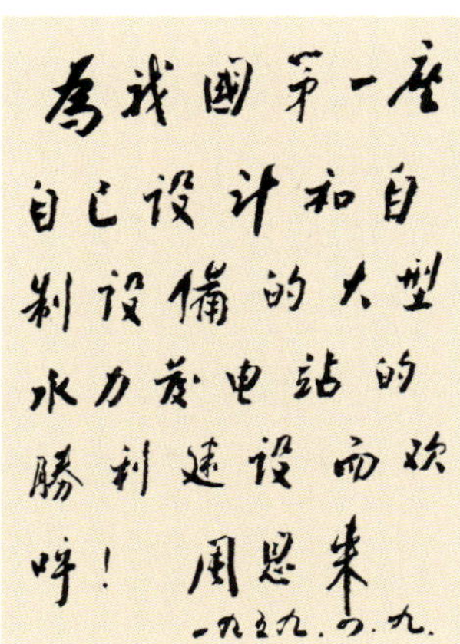

周恩来总理题词

千岛湖　魏协摄

杭州、上海送电。1977 年 10 月安装完最后一台机组。

高峡出平湖，连绵群山化作了大湖中的小小岛屿。新安江水电站建成后，3000 多个西湖那么大的千岛湖也随之形成。千岛湖因其山青、水秀、洞奇、石怪而被誉为“千岛碧水画中游”，被赞誉为“天下第一秀水”。2010 年，千岛湖风景区被公布为国家 AAAAA 级旅游景区。

电站建设和运行期间，周恩来、朱德、郭沫若、叶剑英、李先念、朱镕基、乔石、李鹏、温家宝等党和国家领导人曾亲临视察。电站自运行以来，不仅对电网安全、经济运行稳定起到突出作用，而且在防洪、航运、排灌、渔业、供水、生态工程等方面取得显著的综合经济效益。电站水库千岛湖拥有多年调节性能，一旦洪水来临，常常能将其全部拦蓄在水库内，并积聚为可发电兴利的能量。几十年来，电站与下游富春江水电站实施梯级联调，通过错峰拦洪，减轻下游电站防洪压力，防止洪水倒灌危及兰溪市。新安江水电站用一次次“波澜不惊”的出色表现，成为保护钱塘江沿岸千万人口的防洪大闸和屏障。2020 年 7 月 8 日，为缓解上游防洪压力，新安江水库 9 个泄洪闸孔全开泄洪，这是自 1959 年 9 月该水库建成以来的首次。

2019 年 9 月 29 日，历时近 5 年建设的杭州第二水源千岛湖配水工程正式

通水运行，来自千岛湖的清泉流入杭城千家万户。这标志着，杭州城市供水格局从以钱塘江为主的单一水源供应，转变为千岛湖、钱塘江等多水源供水，杭城市民用水安全和用水品质得到了极大提升。这是保障杭州城市供水安全、提升饮水水质的重大民生工程，也是事关杭州长远发展的命脉工程。

新安江水电站拦河坝全长 466.5 米，最大坝高 105 米，坝顶高程 115 米，中部设泄洪孔 9 个，最大泄流量 13200 立方米每秒。它是中华人民共和国成立后第一座自主设计、自制设备、自行施工的大型水力发电站，被誉为“长江三峡的试验田”。新安江水电站建设集中体现了中国特色社会主义“集中力量办大事”的制度优势，生动彰显了自力更生、艰苦奋斗的创业精神。2011 年，新安江水电站被列为浙江省省级文物保护单位。60 多年来，新安江水电站红色基因薪火相传，作为省级爱国主义教育基地，电站每年有近 15 万人前来参观学习，感受红色文化，接受红色教育。

岁月倏然而过，新安江水电站巍峨矗立在铜官峡谷。随着时代发展，水电站的功能在变，但不变的是对一方人民的造福，它见证着一代人在这片土地上留下的最美岁月，树立起中国水电事业的一座丰碑。步入新时代，新安江水电站必将继续造福浙江大地，而它象征的中国人民勤奋自立的精神也将永远传承。

青山水库

旖旎湖山写新篇

青山湖所在的位置古时称汇锦潭，为原“临安十景”中的“锦潭鱼跃”，湖边原有会锦亭，《临安县志》记载：会锦亭两岸，竹木荫翳，远山如画，碧水萦回，深不可测，游鳞无数……据传，吴越国王钱镠定都杭州以后，曾两次大张旗鼓衣锦还乡。他认为，富贵不回乡似衣锦夜行，无人知晓，

临安青山水库除险加固　刘柏良摄

1996 年“6·3”洪水　杭州市水库管理服务中心提供

回乡去一可观政采风，二可抚慰亲友，三可显赫王威，何乐而不为！为了迎接钱王还乡，当地官绅百姓就在这里修路建亭，并在沿途两边树上披锦挂绸，从此，很多文人墨客就来此饮酒赋诗。南宋偏安杭州，这里因靠近都城，又是鱼米丝麻之乡，百姓富裕，于是这里很多亭台楼榭再次增修复建，官僚文人云集热闹一时，后因战乱，再度毁没。

“翠葎空亭瞰钓矶，锦鳞游泳兴遄飞。青山影撼洋洋势，碧沼光浮跃跃机。”清康熙三十六年（1697），临安县令郭九会重修会锦亭，并题写了此诗。如今因青山水库的修建，锦潭、会锦亭遗迹、古道等淹没湖底，烟波浩渺的湖面已非昔日锦潭所能相比，自西远眺，只见天目诸峰，起伏蜿蜒，如龙飞凤舞。

青山水库坝址位于青山湖街道西部，水库于 1958 年 12 月 18 日动工兴建，1964 年 4 月 30 日竣工，控制流域面积 603 平方千米，总设计容量为 2.15 亿立方米，为东苕溪流域防洪骨干工程，水库大坝为黏土心墙砂壳坎，坝高 38.1 米，长 575 米，坝顶宽 5 米。1966 年开挖南北灌溉渠道，总长 25 千米，灌溉面积为 1.27 万亩。为确保水库安全运行，1988 年进行了水库安全加固工程，主要建设内容有增建五孔泄洪闸，隧洞加固，更换机器，修补裂缝及灌浆。青山水库为大型水库，是杭州市防洪抗旱的重要水利设施，保障着下游青山、余杭等地区人民的生命和财产安全，在历次汛期拦洪削峰中，发挥了极其重要的防灾减灾作用。

“截断苕溪水，此地出平湖”青山水库建设场景　杭州市水库管理服务中心提供

说到青山湖的修建，那可是一段让人难忘的历史。1956 年 8 月，南苕溪山洪暴发，西险大塘多处溃塌，余杭县城被洪水淹没，造成重大伤亡和财产损失。1958 年，青山水库建造工程被正式提上议事日程。5 月份，省水利厅派出技术人员对水库进行勘测设计，选定在南苕溪的公山、姥山之间建造拦河大坝。9 月份，省人民委员会下文批复同意工程建设计划任务书，确定水库工程任务是“以防洪为主，结合灌溉、发电”，并指定工程建设由临安县人民委员会直接领导、指挥，从杭州、嘉兴两地调派劳动力协同建设。12 月 6 日，临安县青山水库工程总指挥部成立，县长黄太和任总指挥。1958 年 12 月 18 日，青山水库大坝主体工程正式动工。临安县（包括并入的余杭县）、桐乡县及杭州市郊抽调民工共 8000 余人参加施工。当时，全体民工组成团、营、连建制，实行“组织军事化、行动战斗化、生活集体化”，日夜奋战在工地。1959 年 5 月，桐乡县和杭州市郊民工撤回，工程改由临安县单独施工。1960 年 2 月底，大坝基础工作完成，共填筑土石方 17.30 万立方米。1960 年 4 月 4 日，大坝截流合龙。1.2 万民工，备好黄土 2 万立方米，块石 2400 立方米，选出 5000 余名精壮劳动力，组成堵口突击队，愣是靠着锄头、簸箕，用手挖、肩挑的方式，轮番投石抛料，经过近

“截断苕溪水，此地出平湖”青山水库建设场景 杭州市水库管理服务中心提供

20小时的奋斗，至晚上9时,围坝顺利合龙,截流工作顺利完成。

青山水库按百年一遇洪水设计，千年一遇洪水校核，属大型水库。在技术条件极为落后的情况下，临安人民克服种种困难，主要靠畚箕、锄头、肩挑手挖建成了这样的大型水库,是一个巨大的成就。这是自力更生的红色革命精神的真实写照，更是一面催人奋进的旗帜。

如今的青山湖，风光旖旎，像一颗熠熠发光的明珠，闪烁在苍翠欲滴的群山之中，成了杭州西湖的“姊妹湖”。青山湖湖区生态环境良好，生活着240多种野生动物，有白颈长尾雉、白鹳、黑鹳、野鸭等；湖之北更有百亩国内罕见的水上森林；新建的环湖绿道串起了琴山蓝湾、太阳湾、彭祖遗址、青山湖大坝等一个个特色景点；周边配套建有杭州中都青山湖畔大酒店、圣鹤山庄、青山湖休闲村、锦湖度假村等众多的宾馆和休闲度假村，清秀娇美的湖光山色和丰厚的人文景观有机地融汇在一起，更增添了青山湖的意蕴和魅力。

到环湖周边的草坪野餐、露营，坐拥湖山美景；或乘坐皮划艇、水上摩托，体验水上潮玩；或听晚风低语、看灯光璀璨，在水上森林的光影斑驳中，感受童话的浪漫……这一切正吸引着越来越多的市民和游客来此打卡，正应了那句宣传语：西湖，是世界的！青山湖，是你的！

萧山围垦工程

坍江岁月 围垦风华

萧山围垦工程是1950年开始，由萧山人民在钱塘江边筑堤圈围、开发建设的一项伟大工程。这一工程经历零星围垦、较大规模人工围垦和机械化围垦3个阶段。

自1950年开始的零星围垦主要在半爿山—红卫闸段南沙大堤外，包括其后4次围涂，共围垦

围垦建设场景 萧山区农业农村局提供

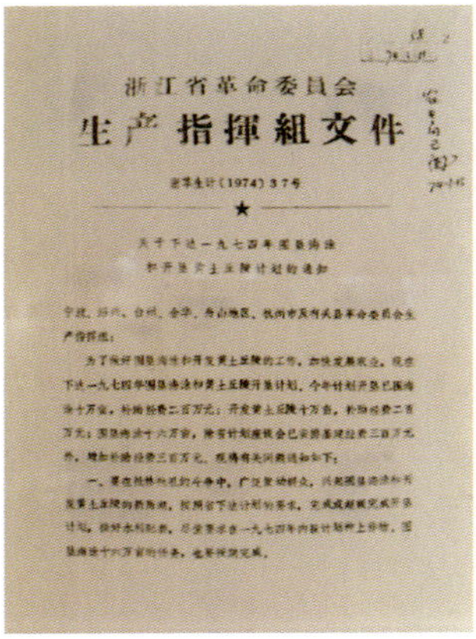

浙江省革命委员会

生产指挥組文件

浙革生计（1974）37号

关于下达一九七四年围垦海涂和开垦黄土丘陵计划的通知

关于下达一九七四年围垦海涂和开垦黄土丘陵计划的通知　萧山围垦历史陈列馆提供

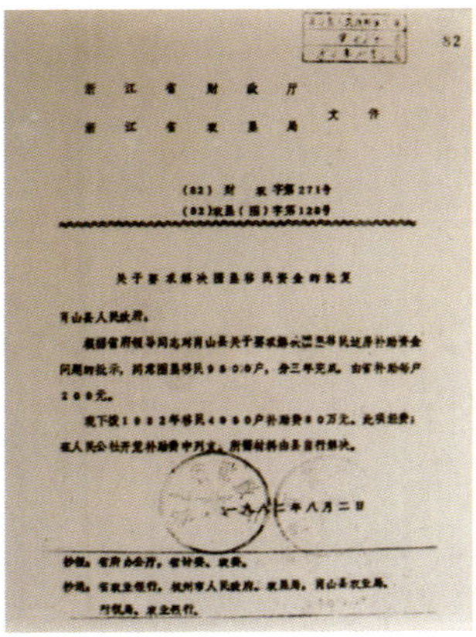

82

浙江省财政厅
浙江省农业局　文件

（82）财农字第271号
（82）农垦（围）字第120号

关于要求解决围垦移民资金的批复

萧山县人民政府：

一九八二年八月二日

关于要求解决围垦移民资金的批复（1982 年）　萧山围垦历史陈列馆提供

32 次，围涂毛地 12767 亩。较大规模人工治江围垦始于 1965 年，终于 1989 年。这一阶段的围垦还是为了解决人多地少的问题，运用行政手段动员、发动自愿参加，以乡（镇）村为单位分任务，靠劳动密集型方法或以资代劳联合搞围涂，再按劳动所得分配土地的办法，共举行 26 期围垦活动，围地 47.314 万亩，这是萧山围垦史上最为壮观的人工围垦。1993 年开始，萧山围垦工程进入机械化阶段，攻克了人工和普通机械不能做到的技术难关，实施应用泥浆泵代替人工筑堤开河的机械化施工，替代以往围垦依靠的人海战术，显著提高了工程效率和施工安全保障，标志着萧山围垦进入更加讲究科学精神、依靠科技进步的新阶段。机械化围涂主体工程采用公开招标承包的办法，至 2007 年共进行 7 期围垦，围地 6.0207 万亩。

萧山围垦工程所用材料主要为土、石等材料。围垦工程设计方案针对钱塘江土质是粉沙土壤，遇旱风化、遇水板结的特点，提出了“分期施工，分层开沟、戽水密实”的施工方案。围垦工程系高滩突击围堤，以后逐步加固，由于受资金、时间、施工条件等多种限制，在短时间内难以达到较高的标准，一般以土堤加抛砌石护坡。凡遇主江道迫近的堤脚，潮高流急，抛石难以稳定，从 1971 年开始，逐步在抛石护坡的基础上采用浆（灌）砌石护坡，主要是在最低潮位附近浇筑宽 1 米、深 1 米的混凝土大方脚。为了抢险保堤，历年在一线围堤外建设了许多丁坝。20 世纪 90 年代，开始建设防洪能力为 20—50 年一遇的标准塘。

围垦工程中建立了大量的水利设施，如修沿江堤塘，兴建涵闸，开挖疏浚河渠。农业合作化后，

人工筑堤景象　萧山区农业农村局提供

进行洪、涝、旱综合治理，提高了抗御洪潮和排涝的能力，同时兴修大量山塘、水库、涵闸，整溪流，发展电力排灌建设。通过大量修建这些设施，扩大旱涝保收面积，建设园田化农田，如红山农场、红垦农场、钱江农场、部队农场、农一场，为当地经济发展作出了巨大贡献。在围垦过程中，干部、群众顶风冒雨与江潮搏斗，有的甚至献身，体现了围垦区劳动人民的不畏艰险、勇于拼搏的精神。

萧山围垦过程中也建成了许多水利工程。例如建于 1954 年的益农闸，这是一口单间水闸，总孔径 3.2 米。最初叫“一弄”闸，后来因闸排水泄洪有益于农业生产，有益于提高农民收入，故称“益农”闸。自 1966 年起，当时的益农围垦海涂委员会设在益农闸，直到 1972 年。益农闸是围垦地区人民与自然抗衡的杰作。当时，钱塘江潮水撞击南沙大堤，时间久了潮头和污水就在南沙大堤和北海塘的交叉处北岸向东一带形成了流花沟。20 世纪 50 年代，南沙人民决定在北海塘与南沙大堤相交处建造一水闸，因为大堤内地势呈西高东低，大堤外的钱塘江滩涂呈北高南低，这里是地势较低的流花沟，便于排水泄洪。益农闸不仅见证了益农的发展，而且是围垦地区人民与自然抗衡的杰作，是萧山围

垦文化的代表。

在萧山益农镇东联村红阳路 1 号的东方红闸也是围垦工程的成果。东方红闸建于 1959 年，跨朝阳横河，所处位置恰是永裕庙横河、朝阳横河和党湾抢险湾交汇处，该闸也是南沙围垦地区排涝、抢险和灌溉的重要闸口，它是一座双孔闸，每孔直径 4 米。东方红闸主要沟通范围为益农二围区域，是钱塘江南岸围垦地区的众多节制闸之一，主要功能为排涝，同时也利于抗灾抢险和调节水源。东方红闸是围垦历史的代表，记载着萧山南沙地区的围垦历史。1972 年，益农围垦指挥部就设在东方红闸，直到 1984 年围垦指挥部改由瓜沥管辖。

萧山围垦工程从南沙大堤到现在的钱塘江边，围垦土地面积约占当时萧山总面积的四分之一，随着城市区划调整，大部分围垦区已经划归钱塘区，现在的萧山仅有宁围、南阳、瓜沥、益农等镇街及红山农场等为围垦区域。这些地方属于钱塘江河口地带，属于钱塘江水系。萧山围垦工程是中华人民共和国成立后，萧山重要的一项水利工程，被联合国粮农组织称为“人类造地史上的奇迹”。

皇天畈综合治理工程

誓将“皇天畈变黄金畈”不懈奋斗的治水精神

富阳城区南面临水，三面环山，城区西北部还有一大片低于富春江正常水位的洼地——皇天畈。为啥叫皇天畈？因为在中华人民共和国成立前，皇天畈区域灾害频繁，稍雨即灾，农民苦叫“皇天”。

《富阳乡土地理》说：“近山之田，水泻无余，易致干涸；畈中之田，浚无去路，唯患水涝。”皇

苋浦水系　何建伟摄

1965 年整修后的大浦闸排涝站　富阳区农业农村局提供

天畈的涝有内有外：外涝来自富春江，富春江下游，地势平坦，水路弯曲，流速缓慢；内涝来自皇天畈周围的新联、受降、新义等地约 46.2 万亩集雨面积，大于农田面积的 11.5 倍。这些内水只有经过一条小小的苋浦才能注入富春江，因此，遇上大雨，山洪汇集于皇天畈，即便富春江上游不发洪水，仅内水就酿成一片汪洋。然而一到天旱，这里水贵如油。皇天畈周围，“山多而皆低，水多而源短，坡陡而流急，溪小而潜流”。因此，一遇天旱，源断水涸，田渴禾枯。千百年来，皇天畈地区水旱频繁，苦难不堪。

据《富阳县志》记载，唐代以后，这里便有一些零星水利建筑。唐贞观十二年（638），县令郝砆开阳陂湖；明嘉靖元年（1522），建普济堰；万历年间（1573—1620），建马山堰、陶溪堰；1934 年派壮丁 50000 工，疏湖南浦 5900 米，阳陂湖筑堤 1380 米……但是，这些治理仅限于灌溉，受人力、物力和财力的限制，对于大规模治理，官府“欲兴无能”。

水利衰则百业衰，水利兴则百业兴。真正治理皇天畈自然灾害的唯有中国共产党！

富阳解放的当年冬天，中共富阳县委和富阳县人民政府就领导皇天畈地区的广大农民开展农田基本建设。皇天畈防洪堤的建设便是皇天畈综合治理中的

皇天畈排涝站和水闸　何建伟摄

重要一环。

皇天畈防洪堤于 1949 年 1 月动工，1950 年 8 月完工，全堤保护农田 4.52 万亩，是当时唯一达到 20 年一遇防洪标准的大堤。因为该堤位于当时富阳市区西面，因此也叫“西堤”。皇天畈防洪堤全长 3000 米，堤顶高 10.41—11.35 米，宽 4—6 米。1955 年因洪水决口进行修复加固。1975 年将秦望桥至苋浦路口堤段加宽至 8—10 米。20 世纪 90 年代全线加固后，皇天畈防洪堤堤顶用沥青混凝土铺筑，成为路堤结合的西堤路。现今，西堤路周边已经是热闹祥和的居民集聚区。

而后，历届政府通过筑堤防、修水库、沿山开泄洪渠、建电力排灌泵站等一系列举措，实现标本兼治，逐步构成了“防、疏、导、蓄”相结合的防洪体系，形成可抵御 50 年一遇的外江水和 70 天无雨灌溉有保证的水利工程体系。

安娜·路易斯·斯特朗到皇天畈治理现场采访　翻拍自《富阳水利志》

阳陂湖　富阳区农业农村局提供

1962年10月，随着皇天畈综合治理工程的持续推进，当时全省规模最大的皇天畈电力排涝站——皇天畈电力排灌站建成。为纪念排灌站落成，篆刻石碑一块，题名“皇天畈电力排灌工程落成纪念碑”。此纪念碑也因老闸废止不用拆除，将碑体挪移至新闸机房内。皇天畈排涝闸站工程位于富阳区苋浦河上，距富春江约600米。现排涝闸站为2002年3月至2003年5月底完工的新闸站，由时富阳市水利建筑工程有限公司负责承建，水闸共设五孔，设计流量为680立方米每秒，排涝标准为20年一遇。

大浦闸施工图（1951年）　翻拍自《富阳水利志》

除了皇天畈防洪堤和排灌闸站的建成之外，皇天畈综合治理工程在1949—1980年间，党和人民政府组织群众开干渠、通河道，建堰坝、修水闸，新建水电站、翻水站、排涝站，不仅农田水利工程建设如火如荼，还发动人民群众开垦荒田3万亩，并引种了双季稻。中央在皇天畈东侧山坡上兴办了中国亚热带林业研究所，省、县也先后在这里兴办了四个国有农牧场和一个农科所。昔日“灾如牛毛，民苦无食”的皇天畈，已成为鱼米之乡，处处呈现欣欣向荣的景象。

时间进入 21 世纪，皇天畈地区的水利建设一直受到党和政府的高度重视，提高人民生活品质，打造美丽富阳是这个时代的主题，阳陂湖的建设变成了这个阶段光彩夺目的一笔。

阳陂湖位于富阳区城北皇天畈地区，“阳陂湖”为古地名，历史上是一个湖泊，始建于唐贞观年间（627—649），湮废于明初。阳陂湖曾经在农田水利中起过重要作用，是富阳的古湿地。可惜的是，阳陂湖本身在沼泽化的过程中，最后被围垦成农田和鱼塘。2019 年，富阳区委、区政府启动了阳陂湖生态修复治理项目。围绕全域美丽总目标，以“千年古湿地自在阳陂湖”为主题，先后投入 7.38 亿元，开展阳陂湖生态修复治理项目一期工程，项目以生态修复、防洪排涝为主，兼顾改善水环境、景观提升，建设阳陂湖面积约 90 万平方米，打造“一湖七园”景观节点，“一湖”为阳陂古湖，“七园”分别为蒹葭园、鱼趣园、花漫园、荷风园、清涟园、稻香园、一岭花。项目的实施重构了湖泊整体的水生态环境，恢复了阳陂湖作为富阳“内湖”的水体风貌，提升了富阳区整体的河湖面貌，增加了富阳城区防御洪水的能力。

皇天畈，不仅成为境内的粮食主产区，更是城市发展的新舞台。如今的皇天畈，交通四通八达，房屋鳞次栉比，良田盈车嘉穗，百姓安居乐业。这正是中华人民共和国成立 70 多年来，发生翻天覆地变化的一个缩影。

1950 年的大浦闸排涝站　富阳区农业农村局提供

南堡精神纪念馆

泰山压顶不弯腰

“战洪魔复家园尽显南堡本色；顾大局移故土大重民众精神。”

这副楹联，道出了50多年前抗击洪灾的壮阔历史，在邻近的分水江大坝的映衬下更加坚定了水利工作者的初心和使命，也让人们感受到了前辈的无私奉献和伟大付出。

南堡精神纪念馆　周俊摄

人民日报

毛主席语录

这个军队具有一往无前的精神，它要压倒一切敌人，而决不被敌人所屈服。不论在任何艰难困苦的场合，只要还有一个人，这个人就要继续战斗下去。

1970年6月3日

泰山压顶不弯腰

——南堡大队用毛泽东思想战胜特大洪灾的英雄事迹

勇战洪水 气壮山河

胸怀朝阳 人定胜天

坚持把党的思想建设摆在首位

北京市平谷县后罗庄大队党支部经常进行开门整风

南堡精神人民日报通讯　南堡精神纪念馆提供

南堡精神纪念馆位于桐庐县分水镇文体中心内。南堡精神纪念馆原为分水县委常委楼，曾为“七五”洪灾抗洪指挥部和南堡接待站，建筑面积210平方米。馆内设有六大板块进行展示，重点再现了南堡人民抗洪救灾、重建家园的英雄事迹。南堡精神纪念馆的建成，也成为学习感悟“泰山压顶不弯腰”的南堡精神的重要爱国主义教育基地。另外，在分水镇分水江水利枢纽上游分老线公路约1千米路边建有“南堡纪念公园”，为分水八景之首，公园内有“泰山压顶不弯腰”纪念碑、南堡亭和“南堡精神永放光芒”“自力更生重建家园”“七五洪灾泰山压顶”等文化石刻景观。

1969年“七五”洪水　桐庐县林业水利局提供

“七五”洪水后南堡人民建设家园　桐庐县林业水利局提供

1969年7月5日，桐庐分水江暴发了一场罕见的特大洪灾，后被称为“七五洪灾”。当时的洪水瞬间吞噬了分水南堡村，219名村民被夺去宝贵的生命，1500亩良田被冲毁，全村只剩下一个灶头、半间屋架、一棵苦楝树。面对泰山压顶般的自然灾害，南堡人民没有退缩，他们在党和政府的关怀下，自力更生，重建家园，靠自己的双手实现了“粮食生产一年自给，两年有余，三年建设新南堡”的铮铮誓言。1970年6月3日，《人民日报》头版头条刊登了以《泰山压顶不弯腰》为题的长篇通讯，报道了南堡人民的英雄事迹，毛主席称之为“南堡精神”，在全国掀起了学习“南

南堡纪念公园南堡亭　周俊摄

堡精神”的热潮。

2005 年 5 月，分水江水利枢纽工程竣工，1300 多名南堡人发扬“南堡精神”那种舍己为人、乐于奉献的集体主义精神，识大体、顾大局、舍小家、为大家，泪别故土，移居他乡，重起炉灶。50 多年来，一代代桐庐人在“南堡精神”的感召下，勇往直前、改天换地、奋发有为，而“南堡精神”也成为深入桐庐百姓骨髓的红色基因，成为桐庐县最为宝贵的精神财富。

参考文献

[1] 蔡云超、俞宸亭等:《杭州河道诗词楹联选粹》，杭州出版社，2013 年。

[2] 陈君慧:《中国地理知识百科(第 3 册)》，吉林出版集团有限责任公司，2013 年。

[3] 陈述:《杭州运河历史研究》，杭州出版社，2006 年。

[4] 陈述:《杭州运河遗韵》，杭州出版社，2006 年。

[5] 陈述:《杭州运河风俗》，杭州出版社，2006 年。

[6] 杭州市人民政府城市管理办公室、政协杭州市上城区委员会:《杭州的井》，中国美术学院出版社，2010 年。

[7] 曹晓波:《中东河的前世：杭州的两河流域》，https://mp.weixin.qq.com/s/Zs7TF1vBthSaKsdAR13mAQ，2019 年 11 月 25 日。

[8] 杜正贤:《杭州孔庙》，西泠印社出版社，2008 年。

[9] 阙维民:《杭州城池暨西湖历史图说》，浙江人民出版社，2000 年。

[10] 高钫、楼冰:《河的复活》，浙江文艺出版社，1987 年。

[11] 龚玉和:《说古道今铜鉴湖》，《杭州(周刊)》2018 年第 19 期。

[12] 顾国泰:《杭州隐秘地图之：贴沙河》，https://travel.hangzhou.

com.cn/lyzx/content/2019-01/25/content_7139025.htm，2019 年 1 月 25 日。

[13] 杭州市交通志编审委员会:《杭州市交通志》，中华书局，2003 年。

[14] 杭州市水利志编纂委员会:《杭州市水利志》，中华书局，2009 年。

[15] 杭州市地方志编纂委员会:《杭州市志》，中华书局，1997 年。

[16] 中共杭州市人民政府农业和农村工作办公室:《杭州农业志》，方志出版社，2003 年。

[17] 李金堂:《中国名泉录》，湖北人民出版社，1987 年。

[18] 良渚博物院:《良渚》，东南大学出版社，2020 年。

[19] 林正秋:《杭州西溪湿地史》，浙江古籍出版社，2013 年。

[20] 刘亚轩:《杭州中东河历史变迁研究》，《河南牧业经济学院学报》2016 年第 4 期。

[21] 马时雍:《杭州的街巷里弄》，杭州出版社，2006 年。

[22] 马时雍:《杭州的古建筑》，杭州出版社，2004 年。

[23] 庞学铨:《西溪之胜在于水庵》，《杭州(生活品质)》2016 年第 1 期。

[24] 钱益知:《杭州地名史话》，中国国际广播出版社，2017 年。

[25] 孙忠焕:《杭州运河史》，中国社会科学出版社，2011 年。

[26] 孙忠焕:《杭州运河文献集成》，杭州出版社，2009 年。

[27] 王国平:《西湖文献集成》，杭州出版社，2004 年。

[28] 吴晶、周膺、曹云:《西溪湿地》，当代中国出版社，2005 年。

[29] 吴齐正:《浙江古桥遗韵》，杭州出版社，2011 年。

[30] 许明:《运河南端说码头》，新星出版社，2013 年。

[31] 许明明:《京杭大运河诗词门券集》，杭州出版社，2010 年。

[32] 杨玉泉:《江、河、湖、海、溪五水共存突出杭州水文化特色》，载《中国水文化论坛优秀论文集》，2009 年。

[33] 俞宸亭:《之江胜景》，浙江人民出版社，2010 年。

[34] 袁长渭:《铜鉴湖畔的诗与菜》,《杭州(党政刊)》2018 年第 47 期。

[35]《浙江通志》编纂委员会:《浙江通志·水利志》，浙江人民出版社，2020 年。

[36]《浙江通志》编纂委员会:《浙江通志·运河专志》，浙江人民出版社，2021 年。

[37]《浙江通志》编纂委员会:《浙江通志·海塘专志》，浙江人民出版社，2021 年。

[38] 浙江省文物局:《大运河遗产》，浙江古籍出版社，2012 年。

[39] 郑宏尖、陈音:《阅读杭州》，中国美术学院出版社，2007 年。

[40] 郑瑾:《杭州西湖治理史研究》，浙江大学出版社，2010 年。

[41] 钟光明:《浙江第一码头》，载《浙江文物》，2006 年。

[42] 中共浙江省委宣传部:《文化地图看浙江：杭州、湖州、嘉兴》，浙江人民出版社，2016 年。

后记

浙江因水而兴，从上山文化到跨湖桥文化、河姆渡文化，从马家浜文化到崧泽文化、良渚文化，水在其文化演进中起关键作用。浙江因水而名，八百里钱江奔流不息，五百里河口江潮奔涌。浙江人民勇立潮头，筑塘建闸、开河修堰，在几千年的治水实践中，形成了博大精深、绵延不绝的浙江水文化。为深入挖掘治水实践中形成的水文化资源，保护、传承、弘扬浙江优秀水文化，浙江省水利厅部署开展浙江重要水文化遗产调查和《浙水遗韵》系列丛书编撰。

为了响应浙江省水利厅号召，杭州市林业水利局对重要水利工程遗产、涉水相关物质类遗产，以及非物质水文化遗产进行调查，在基本查清遗产分布情况、基本概况、保存状况和传承脉络后，于2022年5月启动《诗画杭州》编撰工作，9月成稿。本书是一本全面、系统地反映杭州水文化概况及代表性遗产的图书，也是一本集知识性、学术性、史料性于一体的雅俗共赏的图书。

本书的编撰在浙江省水利厅的指导下，得到了杭州各区、县（市）水利部门的大力支持，是紧密配合、通力协作的结果，也是全体水利人集体智慧的结晶，在此谨向所有为重要水文化遗产调查及本书编撰工作付出辛勤劳动的领导、专家、水利干部、民间志愿者们表示衷心的感谢！

浙江省水利厅原副巡视员、浙江省钱塘江涌潮研究会会长徐有成，浙江省水利厅原副巡视员蒋屏，浙江省水利厅办公室调研员谢根能、主任科员柳贤武，浙江省文物鉴定站站长黄斌，杭州市委宣传部原常务副部长魏皓奔，杭州市政协办公厅原副主任王其煌，杭州市政协办公厅一级巡视员周定炎，杭州市园林文物局副局长卓军，杭州市文物遗产与历史建筑保护中心文物遗产保护部科长胡建良，杭州市林业水利局原副巡视员杨企平，杭州市历史学会研究员丁云川，浙江水利水电学院教授张祝平，中国水利博物馆研究处处长宋坚等同志，不吝指导，提出宝贵的修改意见，提升了本书的编撰质量。董利荣、张翠英、陈静、周俊、吴伟泉、孙平平、陈斌、沈伟坚、聂会、宋林君、王心良、裘乐春等为本书编撰、修改付出艰辛努力；杭州市园林文物局、杭州西湖风景名胜区管理委员会、杭州市京杭运河（杭州段）综合保护中心、杭州市档案馆、浙江省图书馆、杭州市图书馆，有关区、县（市）水利部门、图书馆、档案馆、文保所、博物馆，以及部分老同志，为本书编撰提供了珍贵的资料、付出了大量的心血，在此一并鸣谢！

鉴于编辑部人员水平有限，书中错漏及不当之处，敬请各界专家学者批评指正。

编者

2022 年 10 月